Rob van der Plas

Fahrrad-Reparatur leicht gemacht

Rob van der Plas

Fahrrad-Reparatur leicht gemacht

Erste Hilfe für daheim und unterwegs

BVA
Bielefelder Verlag

BVA – Bielefelder Verlag GmbH & Co. KG,
Ravensberger Str. 10 F, 33602 Bielefeld,
www.fahrrad-buecher-karten.de

ISBN-13: 978-3-87073-400-8
ISBN-10: 3-87073-400-0

Über dieses Buch

Ein modernes Fahrrad ist ein technisch ausgefeiltes Produkt, das für ein langes Leben konzipiert wurde – vorausgesetzt, es wird richtig gepflegt und sofort repariert, wenn etwas falsch läuft. Mit so wenig Worten und so klar wie möglich zeigt dieses Buch Ihnen, wie Sie sich um diese Dinge selbst kümmern können: Von einfachen regelmäßigen Wartungsabläufen bis zu komplexen Problemen mit der Schaltung, von der Reparatur eines platten Reifens bis hin zur Abstimmung der Federung enthält dieses Buch alles, Schritt für Schritt erklärt und klar und farbig illustriert.

Die ersten vier Kapitel enthalten alle Informationen, die Sie brauchen, um regelmäßige Wartungsarbeiten durchzuführen. Spezielle Wartungs- und Reparaturarbeiten werden in den verbleibenden Kapiteln 5 bis 17 behandelt. Hinten im Buch finden Sie einen ausführlichen Leitfaden zur Problemlösung: Er wird Ihnen helfen, die Ursache jedes Fahrradproblems zu bestimmen, dem Sie begegnen könnten, und Sie zu der Passage des Buchs leiten, die die notwendigen Lösungsmaßnahmen im Detail beschreibt.

Wenn's zu schwierig wird: Ab in die Werkstatt

Dieses Buch will nicht mit den Diensten eines kompetenten Zweiradmechanikers in einer Voll-Service-Fahrradwerkstatt konkurrieren. Vielmehr deckt es die Arbeiten ab, die ein Durchschnittsanwender selbst erlernen und ausführen kann – ob am Straßenrand oder in der heimischen Werkstatt.

Dennoch: Einige Arbeiten sind schwieriger, und für diese Arbeiten, auf die Sie im Text hingewiesen werden, sollten Sie Ihre Fahrradwerkstatt aufsuchen. Und dort, in der Werkstatt bzw. im Fachhandel, sollten Sie auch die Ersatzteile und Werkzeuge kaufen, die Sie brauchen, um Ihr Fahrrad zu warten oder zu reparieren.

Lernen Sie Ihr Fahrrad kennen

Der Markt bietet viele verschiedene Typen von Fahrrädern. Doch welche Art Fahrrad Sie auch besitzen, die meisten Dinge wird es mit allen anderen Fahrradtypen gemeinsam haben. Wenn Sie Ihr Rad reparieren oder warten wollen, sollten Sie dabei also die verschiedenen Funktionen der einzelnen Teile dieser Maschine im Kopf haben. Dabei hilft Ihnen dieses Kapitel.

Die Teile des Fahrrads

Abbildung 1.1 benennt die wichtigsten Teile des Fahrrads. Sie zu verstehen ist am einfachsten, wenn man Sie in Funktionsgruppen zusammenfasst:

- die Laufräder
- der Antrieb
- die Schaltung
- die Bremsen
- die Lenkung
- der Rahmen
- Sattel und Sattelstütze
- Federung
- Zubehör

Die Laufräder

Eins vorn, eins hinten – jedes Rad besteht aus einer Nabe in der Mitte, einer Menge Speichen und einer Felge, auf die der Reifen aufgezogen ist. Die Laufräder sind wahrscheinlich die häufigste Ursache von Problemen am Fahrrad, und die Kapitel 5 bis 7 widmen sich den verschiedenen Aspekten ihrer Wartung und Reparatur.

Der Antrieb

Das ist der Name für die verschiedenen Komponenten, die den Krafteinsatz des Fahrers auf das Hinterrad übertragen: Pedale, Kurbeln und Kettenblätter (mit den Lagern – zusammen Kurbelgarnitur genannt), Kette und Freilauf mit Ritzeln am Hinterrad. Arbeiten am Antrieb werden in Kapitel 8 beschrieben.

Die Schaltung

Die meisten Fahrräder sind mit einer Kettenschaltung ausgerüstet, mit Schaltwerken also, die die Kette von einer Kombination von Kettenblatt und Ritzel auf eine andere heben, um ein anderes Übersetzungsverhältnis zu erreichen.

Der andere Schaltungstyp arbeitet mit einem in die Nabe eingebauten Schaltsystem. Beide Arten werden über flexible Bowdenzüge mit Hebeln gesteuert, die meist am Lenker angebracht sind. Die Wartung von Kettenschaltungen wird in Kapitel 9 behandelt, die von Nabenschaltungen in Kapitel 10.

Die Bremsen

Hier gibt es wiederum (meistens) eine vorn und eine hinten. Es gibt sie in verschiedenen Arten, und die meisten werden mit Hebeln am Lenker über Bowdenzüge bedient. Ihre Wartung wird in den Kapiteln 11 und 12 beschrieben.

Die Lenkung

Die Lenkung umfasst den Lenker, die Gabel (die das Vorderrad hält) und die Lagerung, die Steuersatz genannt wird und im Steuerrohr des Rahmens eingebaut ist. Kapitel 13 widmet sich den Wartungs- und Reparaturaufgaben, die mit der Lenkung zusammenhängen.

Sattel und Sattelstütze

Auch wenn Sattel und Sattelstütze so einfach erscheinen, kann deren falsche Einstellung zumindest unkomfortabel und in manchen Fällen sogar gefährlich sein. Kapitel 14 zeigt Ihnen, wie Sie mit diesen Komponenten umgehen.

Der Rahmen

Das Rückgrat des Fahrrads. Hieran sind direkt oder indirekt alle anderen Teile befestigt. Zum Rahmen gehört neben dem Rahmen selbst auch die Gabel, die aber auch als Teil der Steuerung betrachtet werden kann. Die geringfügigen Wartungsarbeiten, die an Rahmen und Gabel möglich sind, werden in Kapitel 15 behandelt.

Federung

Eine Federung vorne ist bei vielen Fahrrädern bereits Standard, und die Hinterbaufederung steht ihr nicht mehr viel nach. Kapitel 16 widmet sich den unterschiedlichen Einstellungen der Federung und stellt sicher, dass Sie sie selbst ausführen können.

Zubehör

Sie können viele Dinge an Ihrem Fahrrad anbringen: von Reflektoren und Lampen bis zu Gepäckträgern, von Schutzblechen bis zu Radcomputern. Kapitel 17 zeigt den Umgang mit den gebräuchlichsten Zubehörteilen.

Die Werkzeuge

Bei den meisten Fahrradreparaturen werden Sie mit einer sehr bescheidenen Auswahl an Werkzeug zurechtkommen. Zwar gibt es Arbeiten, die Spezialwerkzeug erfordern, aber keine davon kommt so häufig vor, dass Sie sich hier Gedanken darüber machen müssten – dafür gibt es die Fahrradwerkstatt. (Oder Sie lesen ein umfangreicheres Reparaturbuch.) In diesem Kapitel erfahren Sie, welche Werkzeuge Sie sofort kaufen sollten, damit Sie für alle wahrscheinlich auf Sie zukommenden Reparaturen und alle vorbeugenden Wartungsarbeiten gerüstet sind.

Die meisten dieser Werkzeuge können Sie in beinahe jedem Fahrradladen kaufen, obwohl es einige auch im Eisenwarenladen oder Baumarkt gibt. Daher werde ich unterscheiden zwischen „normalen Werkzeugen", die Sie in der Eisenwarenabteilung bekommen, und „fahrradspezifischen Werkzeugen" (in den folgenden Beschreibungen mit einem Sternchen gekennzeichnet), die Sie ausschließlich im Fahrradladen kaufen sollten.

Wenn Sie ihre Werkzeuge auswählen, stellen Sie sicher, dass Sie die beste Qualität bekommen, die es gibt. Lassen Sie sich nicht von Sparangeboten blenden, denn auf lange Sicht sind die guten Werkzeuge die einzigen, durch die Sie wirklich sparen – nicht die billigen. Wenn Sie vor zwei Werkzeugen stehen, die ähnlich aussehen und weit auseinander gehende Preise haben, nehmen Sie das teurere. Es ist immer das genauere und haltbarere. Billiges, ungenaues Werkzeug hält oft nicht lang und, was noch schlimmer ist, man kann damit nicht so komfortabel arbeiten, weil es nicht so genau passt wie es sollte. Hinzu kommt, dass es die Fahrradteile beschädigen könnte, so dass es dann noch schwieriger wird, daran zu arbeiten (sogar mit gutem Werkzeug).

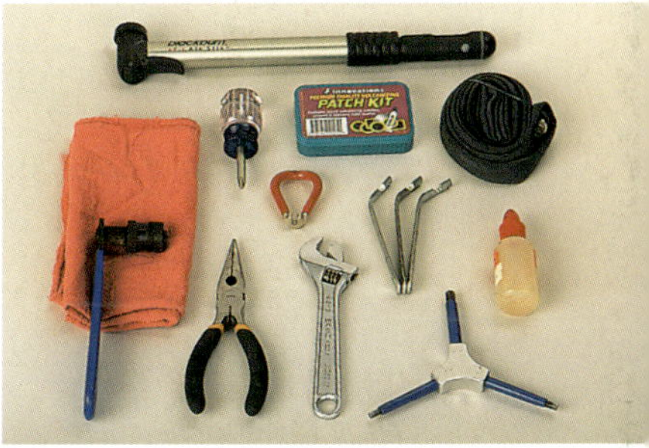

Abbildung 2.1: Sammlung von Werkzeug, das Sie auf dem Fahrrad dabei haben sollten.

Werkzeug für unterwegs

In der folgenden Liste zähle ich Ihnen auf, was ich für das absolute Minimal-Fahrradwerkzeug halte, das Sie immer auf dem Rad dabei haben sollten, zumindest, wenn Sie sich weiter von zu Hause entfernen, als Sie einfach zu Fuß zurückgehen können. Die Illustrationen (Abbildung 2.1, 2.2 und 2.3) geben Ihnen einen Eindruck, wie die einzelnen Werkzeuge aussehen.

1. Luftpumpe für die an Ihrem Fahrrad verwendete Ventilart („Presta"-Ventil, auch französisches Ventil genannt) oder Schrader-Ventil (Auto-Ventil) – siehe Kapitel 6.) *
2. Ersatzschlauch in einer Größe, die zu den Reifen an Ihrem Fahrrad passt*
3. Reifenflickzeug mit Flicken, Gummilösung und Schmirgelpapier
4. Satz Reifenheber (3 Stück, für ein Mountainbike braucht man nur 2)*
5. Satz Inbusschlüssel (auch Innensechskantschlüssel genannt), mindestens in den Größen 4, 5 und 6 mm
6. Spitzzange
7. Kleine, normale und Kreuzschlitzschraubendreher
8. Verstellbarer Schlüssel in 6 oder 8 Zoll Länge
9. Kurbelabzieher (für ältere Fahrräder, oder ein großer Inbusschlüssel für die meisten modernen Fahrräder – siehe Kapitel 8)*
10. Speichenschlüssel (Nippelspanner) in der exakten Größe für die Speichen an Ihren Rädern*
11. Kleine Plastikflasche mit dünnflüssigem Schmieröl

Wickeln Sie alles in ein weiches Tuch und binden Sie ein starkes Gummiband oder einen Riemen darum. Die Werkzeuge 5, 7 und 8 können Sie oft in Form eines oder mehrerer Multifunktions-Werkzeuge kaufen (gibt es meist nur in Fahrradläden). Mit Ausnahme der Pumpe sollte alles in eine kleine Tasche passen, die Sie unter dem Sattel transportieren können. Kaufen Sie die Tasche erst, nachdem Sie das Werkzeug zusammengestellt haben, damit sie auch groß genug ist.

Anderes Werkzeug und Zubehör

Das oben aufgelistete Werkzeug sollte den Kern Ihrer Werkzeugsammlung bilden, und Sie werden sehen, dass Sie die meisten Aufgaben, denen Sie jemals begegnen werden, erledigen können, ohne auf zusätzliches Werkzeug zurückzugreifen. Für ausgiebigere Arbeiten an Ihrem Fahrrad zu Hause werden Sie jedoch früher oder später einiges zusätzliches Werkzeug haben wollen.

Die einzigen anderen Artikel, die Sie zu diesem Zeitpunkt kaufen sollten, sind eine Flasche oder Sprühdose mit Lagerfett, eine Flasche oder Sprühdose eines leicht eindringenden Öls (um störrische verschraubte Teile zu lösen) sowie Putz- und Poliermate-

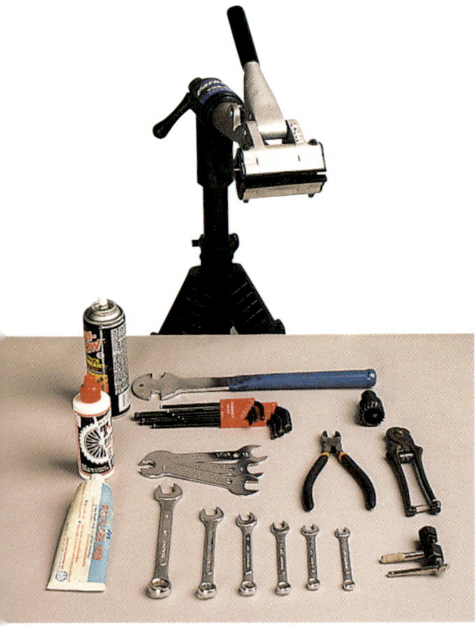

Abbildung 2.2: Im Vordergrund: zusätzliches Werkzeug; im Hintergrund: Reparaturständer.

rial – Bürsten in verschiedenen Größen, ein Schwamm, weitere Putztücher, eine Flasche biologisch abbaubarer Fahrradpolitur, und eine kleine Dose Wachs (wie Sie in Autozubehörläden verkauft wird – kein Möbelwachs). Zusätzlich empfehle ich Ihnen folgendes zu besorgen:

12. kompletter Inbusschlüssel-Satz (2 bis 10 mm)
13. Pedal-Schlüssel*
14. Satz Kombinationsschlüssel (Ring-Maul-Schlüssel) in den Größen 7 bis 17
15. Satz Konusschlüssel für die Arbeit an den Naben*
16. Nietendrücker, passend zur Kette an Ihrem Fahrrad*
17. Seitenschneider*
18. Zahnkranzabzieher*

* Werkzeug, das Sie im Fahrradladen kaufen sollten

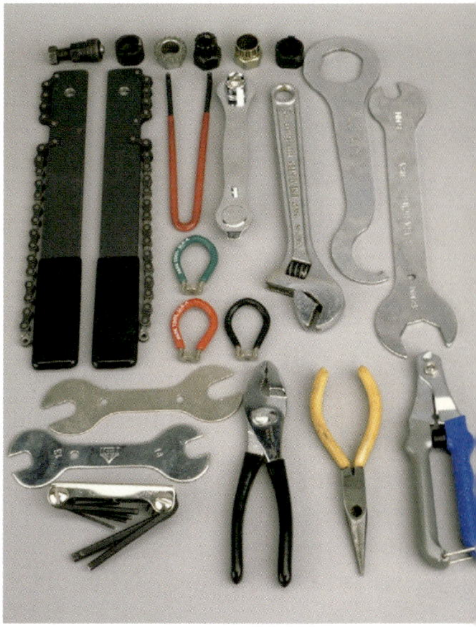

Abbildung 2.3: Beispiel eines Werkzeugsatzes. Die meisten Werkzeuge sind fahrradspezifisch.

Am Fahrrad arbeiten

Am Straßenrand können Sie die meisten Reparaturen ausführen, wenn Sie das Fahrrad umdrehen, so dass es auf Lenker und Sattel ruht. Bei den meisten modernen Fahrrädern ist das in Ordnung, sofern Sie vorher alles entfernen, was auf dem Lenker installiert ist. Bei älteren Rennrädern sollten Sie den Lenker so abstützen, dass die Bowdenzüge nicht abgeknickt werden.

Wenn Sie zu Hause an Ihrem Fahrrad arbeiten, wird es am besten sein, wenn Sie in einen speziellen Reparaturständer investieren. Eine Alternative für den kleinen Geldbeutel ist es, das Fahrrad mit Haken und Seilen an die Decke zu hängen.

Abbildung 2.4: Reparaturständer

Grundlegende Wartungsarbeiten

Einige Elemente tauchen so häufig an verschiedenen Stellen fast jedes Fahrrads auf, dass es gerechtfertigt ist, hier spezielle Anweisungen für ihre Handhabung zu geben.

Gleichzeitig kann ich so darauf verzichten, diese Instruktionen bei allen Fahrradteilen, wo sie vorkommen, zu wiederholen. Gemeint sind:

- Schraub(gewinde)verbindungen
- Schnellspanner
- Bowdenzüge
- Kugellager

Dies sind die Elemente, die in diesem Kapitel behandelt werden. Wenn Sie besondere Anweisungen in Verbindung mit einem der Vorgänge brauchen, die anderswo in diesem Buch beschrieben werden, dann schlagen Sie bitte in diesem Kapitel nach.

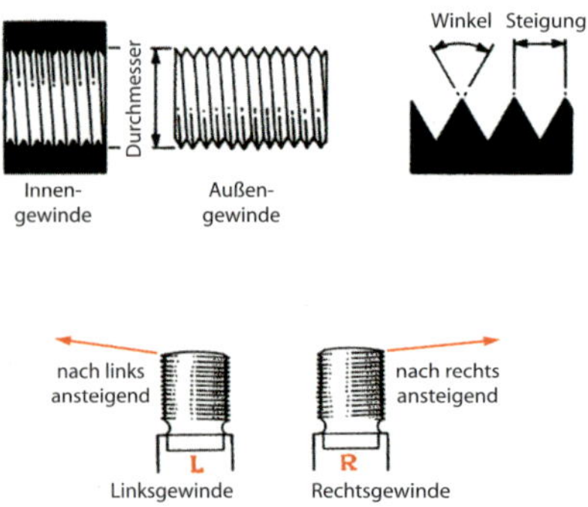

Abbildung 3.1: Details von Schraubgewinden

Schraubgewinde

Die meisten Fahrradteile sind mit Gewinden befestigt oder zusammengefügt. In manchen Fällen ganz offensichtlich, wenn wir über Muttern und Schrauben sprechen etwa, aber auch weniger offensichtlich wie zum Beispiel bei den Teilen von Kugellagern oder der Montage von Gangschaltung oder Bremsanlagen.

Alle Gewindeverbindungen bestehen aus einem zylindrischen Teil, in den außen eine spiralförmige Rille geschnitten ist, (der männliche Teil, zum Beispiel eine Schraube oder eine Achse) und einem hohlen Teil mit einer passenden Rille, die in die Innenseite des kreisförmigen Lochs geschnitten ist (der weibliche Teil, der zum Beispiel eine Mutter sein kann).

Normalerweise zieht eine Drehung im Uhrzeigersinn die Verbindung fest, das wird Rechtsgewinde genannt. Einige Teile haben Linksgewinde, die durch Drehen im Uhrzeigersinn gelöst und gegen den Uhrzeigersinn festgezogen werden.

Zwischen dem weiblichen Teil und jedem anderen Teil, der eingespannt oder eingeschraubt wird, sollte sich eine Unterlegscheibe (ein flacher Metallring) befinden. Das reduziert die Reibung und macht es so leichter, die Verbindung anzuziehen und zu lösen. Gelegentlich ist die Unterlegscheibe mit einer Nase versehen, was bedeutet, dass sie nur in einer bestimmten Position eingelegt werden kann (besonders zwischen geschraubte Teile verstellbarer Kugellager), damit man den einen Teil festziehen kann, ohne dabei die

Abbildung 3.2: Einsatz zweier Schraubenschlüssel, um eine geschraubte Verbindung zu lösen oder festzuziehen.

Einstellung des anderen Teils zu beeinträchtigen.

Schraubgewinde werden gekennzeichnet durch den Außendurchmesser des männlichen Teils, meist gemessen in Millimetern. Doch obwohl der Durchmesser zweier Gewindeverbindungen derselbe sein kann, gibt es noch andere Aspekte, in denen sie sich unterschieden können.

Wenn man Schrauben und Muttern austauscht, muss man darauf achten, nur metrische zu verwenden. Bei manchen Größen ist es schwer, metrische Muttern und – Schrauben und solche nach englischen Maßen auseinander zu halten. Sie zu mischen würde wegen der unterschiedlichen Gewindemuster die Komponenten ruinieren.

Um eine geschraubte Verbindung festzuziehen oder zu lösen, muss ein Teil mit einem genau passenden Werkzeug mit genügend Hebelwirkung in die richtige Richtung gedreht werden, während der andere Teil fest gehalten werden muss. Im Fall einer Verbindung durch Schraube und Mutter halten Sie beide Teile mit je einem Schraubenschlüssel. Ist etwas direkt in den Fahrradrahmen hineingeschraubt, halten Sie den Rahmen mit der Hand oder spannen ihn in den Reparaturständer.

Wenn Sie Schwierigkeiten haben, eine Verbindung zu lösen, die lange Zeit unberührt gewesen ist, sprühen Sie ein bisschen Öl auf den Punkt, an dem der männliche Teil in den weiblichen geschraubt ist, warten Sie zwei bis drei Minuten und versuchen Sie es noch einmal.

Wenn Sie Schraubverbindungen wieder installieren, stellen Sie sicher, dass sie sauber, unbeschädigt und nicht korrodiert sind; wenn nötig, säubern, schmieren und/oder ersetzen Sie sie durch neue Teile. Benutzen Sie immer eine glatte Unterlegscheibe unter dem Kopf jeder Mutter, um die Reibung zu reduzieren.

Schrauben gibt es mit einer Vielzahl verschiedener Köpfe. Der Inbus ist bei Fahrradkomponenten mittlerweile vorherrschend.

Abbildung 3.3: Schraubgewinde kommen neben Schrauben und Muttern an vielen Teilen zum Einsatz, zum Beispiel an diesem Tretlager.

Hier hat der Kopf eine sechseckige Aussparung, und das passende Werkzeug beschädigt ihn weniger, als es andere Werkzeuge bei herkömmlichen Schraubeneinschnitten und sechseckigen Schraubenköpfen tun.

Um ein versehentliches Lösen geschraubter Verbindungen zu verhindern, gibt es eine Reihe verschiedener Lösungen: Manchmal wird ein doppelter Satz Muttern benutzt: eine dünne, so genannte Kontermutter und eine normale Mutter, die für einen effektiveren Halt gegeneinander festgezogen werden.

Zubehör sollte immer von mindestens zwei Schrauben gehalten werden: Das minimiert den Effekt nicht gestützter Masse, der dazu führen würde, dass Teile lose herumwackeln, wenn sie nur an einem Punkt gehalten werden.

Wenn Sie geschraubte Verbindungen festziehen oder lösen, wenden Sie kein größeres Drehmoment auf als erforderlich – so vermeiden Sie, den Schraubenkopf oder einen anderen Teil zu beschädigen. Wählen Sie aus diesem Grund ein Werkzeug, dessen Länge zu der des fraglichen Teils passt. Eine Fünf-Millimeter-Schraube oder -Mutter sollte nicht mit einem zehn Zoll langen verstellbaren Schlüssel bearbeitet werden, sondern mit einem feststehenden Fünf-Millimeter-Schlüssel, der eine passende Länge hat und damit das richtige Drehmoment liefert.

Vor allem große Aluminium-Gewinde-Komponenten sollten mit großer Sorgfalt behandelt werden, um Schäden am Gewinde zu vermeiden. Benutzen Sie nur spezielles Werkzeug, das für diese Komponenten entwickelt wurde.

Wenn Schraubverbindungen für die Justierung benutzt werden, wird es einen männlichen und zwei weibliche Teile geben. Die letzteren beiden werden gegeneinander angezogen, sobald die korrekte Einstellung erzielt wurde. Weil dies am Fahrrad am häufigsten bei verstellbaren Kugellagern vorkommt, wird dieses Vorgehen im Abschnitt Kugellager in diesem Kapitel beschrieben.

Schnellspanner

Diese Vorrichtungen werden meist an den Laufrädern benutzt, wo sie deren einfache Montage und Demontage erlauben. Das selbe Funktionsprinzip wird bei vielen Bremsen angewandt, um sie weit genug zu öffnen, damit das Rad leicht entfernt werden kann, sowie bei der Klemme, die den Sattel hält, um die Anpassung der Sitzhöhe zu erleichtern. Alle arbeiten nach dem selben Prinzip, das eine nockenförmige Vorrichtung beinhaltet, die mit einem Hebel verbunden ist, der teilweise gedreht werden kann, um eine Verbindung festzuziehen oder zu lösen.

Falls der Hebel nicht mit den Wörtern „öffnen" und „schließen" markiert ist, können Sie dennoch herausfinden, welche Stellung welche ist, indem Sie beobachten, was passiert, wenn Sie den Hebel von einer Position in die andere bewegen. Die meisten modernen Hebel haben eine konvexe (gewölbte) Seite, die nach außen zeigt, wenn er geschlossen ist, und eine konkave (ausgehöhlte) Seite, die sich im offenen Zustand zeigt.

Wenn die korrekte Einstellung vorgenommen ist, bewegen Sie nur den Hebel, nicht die Klemmmutter, die wenn eben möglich in Ruhe gelassen werden sollte. Unglücklicherweise ist es üblich geworden, die Ausfallenden mit Kanten zu versehen (um ein ungewolltes

Abbildung 3.4: Schließen des Schnellspannhebels an einer Radnabe.

Lösen des Rades zu verhindern), so dass es unmöglich ist, den Schnellspannmechanismus der Nabe so zu benutzen, wie er eigentlich gedacht war.

Sie können immer noch den Schnellspanner lösen und feststellen, indem Sie nur den Hebel benutzen, aber die Kanten an den Ausfallenden der Gabelbeine erfordern, dass Sie die Klemmmutter lösen, um genügend Abstand zu schaffen, damit Sie das Rad beim Ein- oder Ausbauen über diese Kanten streifen können. Wenn Sie das Rad wieder montieren, müssen Sie die Klemmmutter wieder zurückschrauben, sobald das Rad am Platz ist, damit der Schnellspannhebel wieder funktioniert. Wie Sie mit einer Schnellspannverbindung umgehen, lesen Sie im Folgenden.

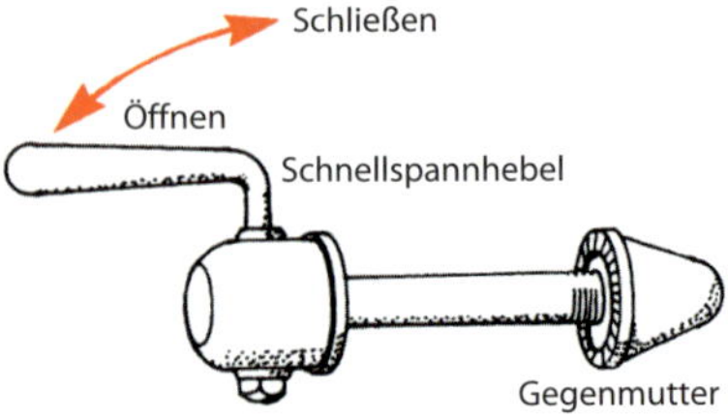

Abbildung 3.5: Prinzip der Schnellspann-Vorrichtung

1. Stellen Sie den Hebel auf „offen".
2. Bringen Sie das fragliche Teil (Rad, Bremse oder Sattelstütze) in die richtige Stellung. Falls das nicht geht, lockern Sie die Klemmmutter so weit, dass es geht.
3. Platzieren Sie Rad, Bremse oder Sattelstütze wie gewünscht und richten Sie sie aus.
4. Schrauben Sie die Klemmmutter wieder fest, aber nicht mit Gewalt.
5. Legen Sie den Hebel um auf die Stellung „geschlossen", wenn möglich – wenn er sich nicht vollständig in die Stellung „geschlossen" bewegen lässt, lockern Sie die Klemmmutter. Drehen Sie schrittweise immer nur eine halbe Umdrehung, bis Sie den Hebel mit etwas Kraft umlegen können.
6. Überprüfen Sie noch einmal, ob Rad, Bremse oder Sattelstütze richtig ausgerichtet sind. Wenn nicht, lösen Sie es/sie und befestigen Sie es/sie in der richtigen Position.

Bowdenzüge

Biegsame Kabelzüge werden an Fahrrädern gewöhnlich benutzt, um Handbremsen und Gangschaltungen zu bedienen. Sie werden auch Bowdenzüge genannt.

Jedes Kabel besteht aus einem flexiblen, verdrillten inneren Kabel oder Draht und einer flexiblen, aber nicht stauchbaren Hülle oder Ummantelung. Das innere Kabel nimmt Zugkräfte auf, wohingegen die Hülle Druckkräfte aufnimmt. Die Enden der Hülle werden in festen, kelchförmigen Befestigungen gehalten, während der innere Draht am einen Ende einen festgelöteten oder –gebördelten Nippel hat und am anderen Ende festgeklemmt wird.

Viele Gangschaltungszüge werden nur im Set in Abmessungen verkauft, die speziell zu einem bestimmten Modell einer bestimmten Marke passen. Sie können aber auch die Außenhülle einfach am laufenden Meter kaufen und den inneren Zug in Abschnitten, die lang genug sind, um für jede Anwendung zu passen (stellen Sie nur sicher, dass der Nippel die richtige Form hat und der Zug den selben Durchmesser wie der original verbaute, so dass er eine ähnliche Stärke und Flexibilität hat) und schneiden Sie ihn auf die passende Länge, wenn Sie ihn eingebaut haben.

Um Korrosion zu vermeiden und dafür zu sorgen, dass die Züge sich reibungslos bewegen, geben Sie ein wenig Schmieröl zwischen den Innenzug und die Außenhülle.

Die Spannung jedes Zugs wird mit einem Spanner eingestellt, der in Verbindung mit der Klemmbefestigung des Innenzugs arbeitet. Obwohl Sie für gewöhnlich mit dieser Vorrichtung allein justieren können, kann es vorkommen, dass Sie die Klemmmutter lösen oder den Zug an einer anderen Stelle festschrauben oder –klemmen müssen.

Züge einstellen

1. Überprüfen Sie, ob eventuell vorhandene Schnellspannvorrichtungen des Systems gespannt sind, falls nicht, spannen Sie sie.

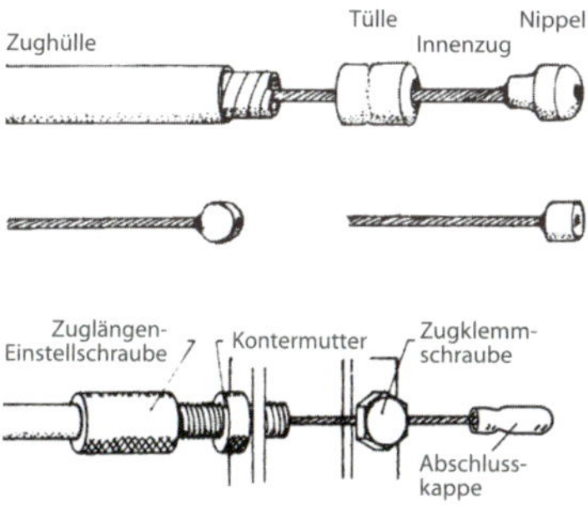

Abbildung 3.6: Details von Zug und Zugspanner.

2. Prüfen Sie, ob die Einstellung immer noch schlecht ist, wenn Sie den Schnellspanner richtig angezogen haben. Wenn das der Fall ist, machen Sie mit Schritt 3 weiter.
3. Lösen Sie die Gegenmutter um mehrere Umdrehungen.
4. Drehen Sie die Einstellschraube aus dem Teil, in den er geschraubt ist, heraus, um die Spannung des Zugs zu vergrößern oder in das Teil hinein, um sie zu verringern. Ein Lösen des Zugs führt dazu, dass die Bremse sich öffnet bzw. das Schaltwerk später schaltet; ein festeres Anziehen des Zugs bewirkt das Gegenteil.
5. Ziehen Sie die Gegenmutter wieder an und halten Sie dabei die Einstellschraube mit einer Hand fest.
6. Überprüfen Sie, ob die Anlage wie gewünscht eingestellt ist, falls nicht, wiederholen Sie die beschriebenen Schritte, bis diese erreicht ist.

Abbildung 3.7: Einen Zug festklemmen.

Merke:
Viele neuere Fahrräder haben eine Einstellschraube ohne Gegenmutter, der auf einem der Bremshebel oder auf dem Schaltwerk installiert ist. In diesem Fall folgen Sie nicht den Schritten 3 bis 5, sondern drehen bloß die Einstellschraube heraus oder hinein, um ein Anziehen bzw. Lösen des Zugs herbeizuführen. Bei den Bremsen funktioniert das nur richtig, wenn Sie zunächst die Schnellspanner der Bremse öffnen – und nachher wieder anziehen.

Wenn Sie so keine vernünftige Einstellung hinbekommen, müssen Sie das Ende des Zugs an einer anderen Stelle festklemmen – weiter innen, um ihn zu spannen, weiter außen, um ihn zu lösen.

Zug festklemmen

1. Lösen Sie die Spannung des Zugs – entweder indem Sie den Schnellspanner benutzen, wenn einer vorhanden ist, oder an der Einstellschraube wie in den Schritten 3 und 4 von „Züge einstellen" beschrieben.
2. Lösen Sie mit einem geeigneten Werkzeug die Klemmmutter oder –schraube, die das Ende des Zugs hält.
3. Ziehen Sie das Seil an die richtige Stelle, z. B. mit der Spitzzange, für gewöhnlich nicht mehr als sechs Millimeter entfernt von der ursprünglichen Klemmstelle.
4. Halten Sie das Seil mit der Zange in Position und ziehen Sie die Klemmschraube fest an.
5. Führen Sie dann die Einstellung aus wie oben in Züge einstellen beschrieben.

Kugellager

Zwei verschiedene Arten von Kugellagern finden am Fahrrad Verwendung: justierbare und nicht justierbare. Letztere werden Rillenkugellager, Industriekugellager oder Patronenlager genannt.

Eine Konuslagerung besteht aus einer kelchförmigen Lagerschale und einem Konus. Zwischen diesen beiden Elementen laufen die Kugeln, eingebettet in das Schmiermittel. Eines der beiden Teile, Lagerschale oder Konus, ist mit einer Schraubverbindung justierbar und wird nach erfolgreicher Justierung in seiner Position verriegelt durch eine fest angezogene Gegenmutter und eine mittlere Nasenscheibe (diese kann sich nicht drehen, weil eine Nase oder ein flacher Teil in eine passende Nut im männlichen Gegenstück greift).

Der Vorteil der Konuslagerung ist, dass man Verschleißerscheinungen durch ein Nachjustieren ausgleichen kann. Dafür schraubt man Lagerschale und Konus enger zusammen und verringert so leicht den Raum für die Kugeln, so dass man das Lager fester anzieht.

Die Patronenlagerung besteht aus bereits fertig zusammengebauten, nicht justierbaren Komponenten. Wenn diese Lagerungen verschleißen oder beschädigt werden, muss die gesamte Lagereinheit entfernt und ersetzt werden, und zwar mit einem Spezialwerkzeug. Das sollte man einem Zweiradmechaniker überlassen.

Lager justieren

1. Lösen Sie die Gegenmutter am Ende der Lagereinheit und halten Sie den unten liegenden Teil mit einem geeigneten Werkzeug fest.

Abbildung 3.8: Hier wird ein Steuerlager geschmiert.

2. Heben Sie die Unterlegscheibe (mit Nase) sauber vom Konus ab, zum Beispiel mit einem kleinen Schraubenzieher.
3. Drehen Sie die geschraubte Komponente (das ist meist der Konus) hinein (zum Festziehen) oder heraus (zum Lösen).
4. Ziehen Sie die Gegenmutter wieder fest und halten Sie dabei den Konus oder die Lagerschale mit einem anderen Werkzeug fest.

Wenn Sie die beiden Teile der Schraubverbindung gegeneinander bewegen, wird das Lager ein bisschen stärker festgezogen; daher justieren Sie es zunächst recht lose, bevor Sie die Gegenmutter anziehen. Stellen Sie aber auch sicher, dass die Lagerung so eingestellt ist, dass sie leicht und ohne merkliches Spiel läuft – falls das nicht der Fall ist, ziehen Sie die Teile etwas an oder lösen Sie sie und wiederholen Sie die Arbeitsgänge.

Die Schmierung erfolgt für gewöhnlich mit Lagerfett. Bevor Sie ein Lager fetten, müssen Sie es jedoch mit Lösungsmittel und einem sauberen Tuch gründlich reinigen. Sprühen Sie niemals ein Sprüh-Schmiermittel auf das Kugellager, um es zu fetten: Sie bringen so eher Oberflächenschmutz in das Lager hinein und waschen innen noch vorhandenes Schmiermittel heraus, als dass Sie eine effektive Schmierung des Lagers erzielen.

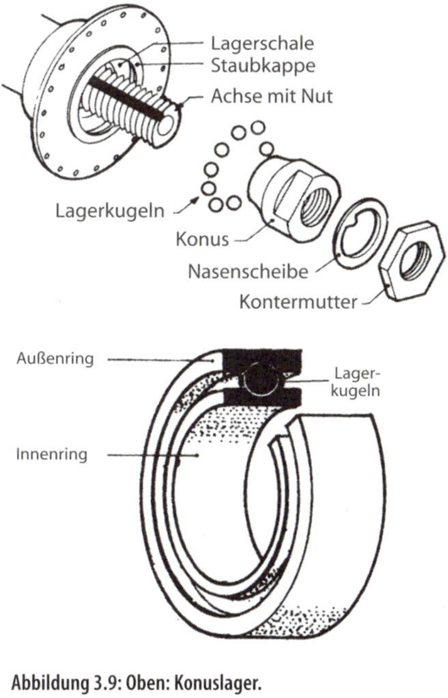

Abbildung 3.9: Oben: Konuslager.
Unten: Patronenlager.

Vorbeugende Wartung

Das Fahrrad vorbeugend zu warten, minimiert das Risiko von Zwischenfällen während der Fahrt. Dieses Kapitel liefert Ihnen einen Ablaufplan für die regelmäßig durchzuführenden Checks, mit denen Sie dafür sorgen, dass Ihr Fahrrad zuverlässig fährt. Die Arbeiten sind unterteilt in: Vor Fahrtantritt, monatlich und jährlich durchzuführende Inspektionen.

Abbildung 4.1: Funktionstest an der Vorderradbremse.

Inspektion vor Fahrtantritt

Ich empfehle Ihnen, diese Schritte an jedem Tag durchzuführen, an dem Sie Ihr Fahrrad hervorholen, damit sie Routine werden. Sie brauchen dafür nur ein paar Minuten.

Vorgehen:

1. Stellen Sie sicher, dass die Schnellspanner von Laufrädern und Bremsen in der Position „geschlossen" stehen. Lösen Sie sie zunächst und stellen Sie sie dann wieder fest. Sie sollten für das Feststellen einige Kraft aufwenden müssen. Mehr dazu in Kapitel 3.
2. Testen Sie die Bremsen: Wenn Sie die Bremshebel ziehen, sollte die Bremse die Rotation der Laufräder stoppen, wenn die Hebel etwa zwei Zentimeter vom Lenker entfernt sind. Betätigen Sie jeden Hebel abwechselnd, während Sie das Fahrrad nach unten drücken und vorwärts schieben. Wenn nötig, justieren Sie die Bremse wie in Kapitel 11 oder 12 beschrieben.
3. Vergewissern Sie sich, dass der Lenker gerade und fest sitzt. Klemmen Sie dazu das Vorderrad fest zwischen Ihre Beine und versuchen Sie, mit Kraft den Lenker horizontal und vertikal zu verdrehen. Falls nötig, justieren Sie ihn und stellen Sie ihn fest wie in Kapitel 13 beschrieben.
4. Vor allem, wenn manchmal auch andere Personen Ihr Fahrrad fahren, stellen Sie sicher, dass der Sitz die richtige Höhe für Sie hat und dass er gerade und fest eingeklemmt ist. Ansonsten justieren Sie ihn und stellen Sie ihn fest wie in Kapitel 14 beschrieben.

Abbildung 4.2: Bei der monatlichen Inspektion zu schmierende Punkte.

5. Prüfen Sie, ob die Reifen richtig aufgepumpt sind. Wenn nötig, pumpen Sie sie auf.
6. Testen Sie die Funktion der Gangschaltung, indem Sie das Hinterrad vom Boden heben und versuchen jeden Gang einzulegen, während Sie die Pedale drehen. Wenn nötig, justieren Sie die Gangschaltung wie in Kapitel 9 oder 10 beschrieben.
7. Heben Sie nacheinander jedes Rad vom Boden und drehen Sie es, um zu sehen, ob es glatt läuft, ohne zu schleifen oder sichtbar zu eiern. Zentrieren Sie es wie in Kapitel 7 gezeigt, falls nötig.

Monatliche Inspektion

Diese Inspektion besteht aus einem gründlicheren Check sowie einigen Routinemaßnahmen gegen den Verschleiß, schließt aber auch die Reinigung und Schmierung ein.

Achten Sie genau auf etwaige Anzeichen von Beschädigungen, auch über die hier besonders erwähnten hinaus. Reparieren oder ersetzen Sie jedes beschädigte Teil sobald Sie es bemerken. Fragen Sie Ihre Fahrradwerkstatt, wenn Sie nicht sicher sind, ob ein Defekt ernst genug ist, um einen Austausch zu rechtfertigen.

Vorgehen:

1. Reinigung

Reinigen Sie das Fahrrad und tragen Sie eine Schutzschicht aus schützendem Wachs auf wie unter „Das Fahrrad reinigen“ beschrieben.

2. Schmierung

Schmieren Sie die folgenden Teile:

- Die Kette: Sprühen Sie Kettenöl auf, das Sie im Fahrradladen erhalten.
- Bremshebel, Schalthebel, Dreh- oder Achspunkte exponierter Anlagen sowie die Enden der Bowdenzüge: Benutzen Sie ein dünnes Schmiermittel zum Sprühen und zielen Sie mit dem dünnen Stutzen sorgfältig.
- Wischen Sie alles überflüssige Schmiermittel ab, damit die Teile Ihres Fahrrads nicht klebrig werden und Schmutz anziehen.

3. Allgemeiner Check

Folgen Sie allen für die Inspektion vor Fahrtantritt beschriebenen Schritten.

4. Radlager

Suchen Sie an den Laufrädern nach losen Lagern. Versuchen Sie dazu, die Felge zur Seite zu schieben oder zu drücken, während sie die Gabel (beim Vorderrad) oder den Rahmen (beim Hinterrad) festhalten. Wenn sich das Rad zur Seite bewegt, müssen die Lager wie in den Kapiteln 3 und 7 beschrieben justiert werden.

5. Felgen und Speichen

Prüfen Sie, ob die Laufräder eiern und lose, verbogene oder gebrochene Speichen haben. Ob das Rad eiert, stellen Sie fest, indem Sie es vom Boden heben und von hinten von einem festen Punkt aus betrachten, während Sie es drehen. Mit Problemen wenden Sie sich an Ihre Fahrradwerkstatt oder schlagen Sie in Kapitel 7 nach.

6. Reifen und Schläuche

Überprüfen Sie die Reifen auf Beschädigungen und Abrieb. Ersetzen Sie sie, wenn Sie Beulen, Schnitte oder stark abgenutzte Stellen entdecken. Entfernen Sie eventuell festsitzende Fremdkörper und ersetzen Sie den Schlauch, wenn er von einem Tag auf den anderen Druck verloren hat. Siehe Kapitel 6.

7. Bremsen

Testen Sie die Funktion der Bremsen und, falls das Rad Felgenbremsen hat, beobachten Sie, ob die Bremsbeläge mit ihrer gesamten Länge und Breite vollständig die Felge berühren, wenn Sie den Bremshebel bis auf etwa zwei Zentimeter Abstand vom Lenker anziehen. Falls nötig, justieren Sie die Bremsen, wie in Kapitel 11 oder 12 gezeigt.

8. Kurbeln

Benutzen Sie entweder den Schraubenschlüssel eines Kurbelwerkzeugs oder einen passenden Inbusschlüssel (je nach Kurbelbefestigung) und ziehen Sie die Schrauben fest, die die Kurbeln an der Tretlagerachse halten. Sie werden eventuell zunächst eine Staubkappe entfernen (und hinterher wieder anbringen) müssen. Siehe Kapitel 8.

9. Federung

Befreien Sie die Federkomponenten von Schmutz und wischen Sie dabei von den Dichtungen weg. Stellen sei dann sicher, dass alle Schrauben der hinteren Federung fest sitzen und tragen Sie einen Tropfen Schmiermittel auf jeden Drehpunkt auf.

10. Zubehör

Inspizieren Sie alle am Fahrrad installierten Zubehörteile sowie auch diejenigen, die sie für gelegentlich Gebrauch zu Hause haben. Stellen Sie sicher, dass sie funktionieren und reparieren Sie sie gegebenenfalls. Ziehen Sie die Befestigungsteile von allem Zubehör fest, das Sie an Ihrem Rad angebracht haben.

11. Abschluss-Check

Schauen Sie noch einmal sorgfältig das ganze Fahrrad durch und überprüfen Sie, ob alle Schrauben und Muttern fest und am Platz sind, nichts lose ist und keine Teile fehlen oder beschädigt sind.

Jährliche Inspektion

Dies ist im wesentlichen eine Generalüberholung, die Sie nach einem Jahr intensiven Gebrauchs durchführen sollten. Wenn Sie häufig bei richtig schlechtem Wetter oder auf matschigem Gelände fahren, sollten Sie diese Inspektion zweimal im Jahr machen.

Lassen Sie etwaige Instandsetzungsarbeiten oder Teileaustausch von Ihrer Werkstatt ausführen. Vorher aber reinigen Sie das Fahrrad gründlich und sehen Sie es durch wie bei der monatlichen Inspektion beschrieben.

Abbildung 4.3: Reinigung schwer zugänglicher Stellen.

So hat die Werkstatt weniger Arbeit und Sie sparen Geld.

Das Fahrrad reinigen

Obwohl empfohlen wird, dass Sie Ihr Fahrrad einmal im Monat reinigen, kann es sinnvoll sein, dies öfter zu tun, wenn Sie häufig auf nassem und dreckigem Untergrund unterwegs sind – eventuell sogar nach jeder solchen Fahrt. Je nach Wetter und Untergrund kann die Beschaffenheit des Schmutzes unterschiedlich sein.

Bei nassem Wetter ist es wichtig, Korrosion zu vermeiden und daher Wachs und Schmiermittel eher großzügig zu benutzen. Wenn es aber trocken und staubig ist, sind offene geschmierte Teile tatsächlich eine Gefahr, weil sie dazu neigen, feine, trockene Staubpartikel anzuziehen, die wie ein Schleifmittel wirken, so dass die beweglichen Teile und Züge verschleißen und schwergängig werden.

Behalten Sie das im Hinterkopf, während Sie folgenden allgemeinen Anweisungen folgen.

Abbildung 4.4: Lackierte Oberflächen werden mit Autowachs o. ä. behandelt.

Vorgehen:

1. Wenn das Fahrrad trocken ist, wischen Sie so viel davon wie möglich mit einer weichen Bürste oder einem sauberen Tuch ab, um losen Staub zu entfernen. Wenn das Fahrrad nass oder der Schmutz festgebacken ist, reinigen Sie das Fahrrad mit einem Eimer Wasser und einem Schwamm. Benutzen Sie keinen Schlauch mit einer starken Sprühdüse, um zu vermeiden, dass Wasser in die Lager oder andere empfindliche Teile gelangt. Nachdem Sie den Rahmen gewaschen haben, putzen Sie gründlich um alle anderen Komponenten herum.
2. Benutzen Sie einen sauberen, trockenen Lappen, um alle Teile zu trocknen, die beim vorhergehenden Schritt nass geworden sind.
3. Benutzen Sie einen mit Lösemittel getränkten Lappen, um die engen Ecken des Fahrrads, seiner Komponenten und seines Zubehörs zu reinigen – von den Bereichen rund um die Speichen bis zu denen hinter den Bremsen und den Winkeln und Verstecken der Umwerfer. Viele der engsten Winkel erreichen Sie am besten, wenn Sie den Lappen um einen dünnen Gegenstand wickeln, zum Beispiel einen Schraubendreher.
4. Um die soeben gereinigten Bereiche zu schützen, machen Sie dasselbe wie in Schritt 3 mit einem Lappen, den Sie in Schmieröl oder Wachs getränkt haben (benutzen Sie Wachs bei trockenem Wetter, Öl wenn es voraussichtlich nass wird). - Sie können die Schritte 3 und 4 kombinieren, indem Sie den Lappen in einer Mischung von Lösungsmittel mit ungefähr 10 Prozent Mineralöl tränken.
5. Behandeln Sie alle Metalloberflächen des Fahrrads und seiner Teile mit Wachs. Wenn die Farbe oder die Metalloberflächen verwittert scheinen, können Sie ein Flüssigwachs für Autos benutzen.
6. Verreiben Sie die Wachsschicht mit einem sauberen, trockenen und weichen Tuch.
7. Behandeln Sie alle nicht-metallischen Oberflächen, zum Beispiel Plastik, mit Armor-All oder einem ähnlichen Mittel für Plastikteile von Autos. Sprühen Sie es auf einen sauberen Lappen und verreiben Sie es.

Laufräder aus- und einbauen

Abbildung 5.1: Lösen des V-Brake-Zugs, um das Laufrad aus- oder einzubauen.

Die meisten Probleme mit Laufrädern und Reifen – wovon die beiden nächsten Kapitel handeln – erfordern, dass man das Laufrad ausbaut. Was man dazu tun muss, hängt von folgenden Faktoren ab:

- Vorder- oder Hinterrad
- gehalten von Schnellspannern oder Achsmuttern
- normales Laufrad oder eines mit Scheiben- oder Nabenbremse oder Nabenschaltung.

Im folgenden stelle ich die allgemeinen Vorgehensweisen dar und unterscheide dabei zwischen Vorder- und Hinterrädern. Zu den Sonderfällen bekommen Sie jeweils kurze Hinweise.

Vorderrad austauschen

Vorderrad ausbauen:

1. Öffnen Sie den Schnellspanner oder die Seilzugbefestigung der Bremse, um die Bremsarme auseinander zu spreizen, so dass der Reifen zwischen den Bremsklötzen hindurchpasst (falls das Fahrrad Felgenbremsen hat). Falls es keinen einfachen Weg gibt, die Bremse zu lösen, können Sie entweder die Luft aus dem Reifen lassen oder die Bremszugbefestigung lösen. Wenn es sich um ein Fahrrad mit einem anderen Bremsentyp handelt, etwa Trommel- oder Scheibenbremse, hängen Sie den Bremszug aus und entfernen Sie den Bremsmomenthebel – siehe die Anleitung in Kapitel 12. Im Fall eines Laufrades mit Nabendynamo lösen Sie die Verbindung der Elektrokabel.
2. Legen Sie den Schnellspannhebel der Nabe um auf die Position „offen" oder lösen Sie die Achsmuttern an beiden Seiten der Nabe.
3. Wenn die Ausfallenden Kanten oder andere Einrichtungen hat, um das Laufrad festzuhalten, schrauben Sie die Klemmmutter des Schnellspanners auf, bis Sie die Nabe aus der Gabel ziehen können.
4. Führen Sie das Laufrad an Nabe und Felge und ziehen Sie es heraus.

Abbildung 5.2: Lösen einer Seitenzugbremse.

Vorderrad einbauen

1. Falls nötig, folgen Sie Schritt 1 des Abschnitts über den Laufradausbau, so dass das Laufrad zwischen den Bremsklötzen hindurch passt.
2. Stellen Sie sicher, dass der Schnellspannhebel der Nabe in der geöffneten Position ist beziehungsweise die Achsmuttern weit genug aufgeschraubt sind (die Unterlegscheiben sollten Sie an die Außenseiten schieben).
3. Wenn die Ausfallenden Kanten haben, schrauben Sie die Klemmmutter des Schnellspanners oder die Achsmuttern so weit auf, dass das Laufrad an den Kanten vorbei passt.
4. Schieben Sie das Laufrad über die Gabelenden und führen Sie es dabei nahe der Felge zwischen die Bremsklötze (wenn das Fahrrad Felgenbremsen hat) bis die Nabe ganz oben in den Ausfallenden der Gabel sitzt.
5. Zentrieren Sie das Rad, indem Sie die Felge so ausrichten, dass sie auf beiden Seiten den gleichen Abstand zwischen den Gabelbeinen hat, und legen Sie den Schnellspannhebel um oder ziehen Sie die Achsmuttern fest. (Falls die Ausfallenden über Kanten verfügen, schrauben Sie erst die Klemmmutter herein, bis Sie den Hebel mit einiger Kraft ihrer Hand vollständig umlegen können.)
6. Stellen Sie alle Befestigungen und Einstellungen wieder her, die vom Ausbau des Laufrades betroffen wurden (siehe Schritt 1 des vorrangegangenen Abschnitts Laufrad ausbauen).

Hinterrad austauschen

Hinterrad ausbauen:

1. Wenn Sie ein Fahrrad mit Kettenschaltung besitzen, wählen Sie den Gang, der hinten das kleinste Ritzel und vorne das kleinste Kettenblatt benutzt.
2. Öffnen Sie den Schnellspanner oder die Seilzugbefestigung der Bremse, um die Bremsarme auseinander zu spreizen, so dass der Reifen zwischen den Bremsklötzen (bei Felgenbremsen) hindurchpasst. - Falls die Bremse keinen Schnellspanner hat, können Sie entweder die Luft aus dem Reifen lassen oder die Bremszugbefestigung lösen. - Wenn es sich um ein Rad mit Scheiben- oder Nabenbremse handelt, lösen Sie die Befestigung des Bremszuges an der Bremse und entfernen Sie den

Abbildung 5.3: Schaltwerk zurückziehen, damit die Kette die Ritzel freigibt.

Bremsmomenthebel – siehe dazu die Anleitung in Kapitel 9. Falls das Rad eine Nabenschaltung hat, schalten Sie in den höchsten Gang und lösen Sie dann den Bowdenzug der Nabenschaltung – siehe Kapitel 12.

3. Bei Kettenschaltungen ziehen Sie das gesamte Schaltwerk nach hinten wie in Abbildung 5.3 gezeigt, um den geraden Weg freizulegen, so dass er nicht von der um die Schaltröllchen herumgeführten Kette versperrt wird.
4. Legen Sie den Schnellspannhebel der Nabe um, so dass er in der Position „offen" steht, oder lösen Sie die Achsmuttern.
5. Führen Sie das Laufrad an Nabe und Felge und ziehen es heraus.

Hinterrad einbauen:

1. Falls nötig, folgen Sie den Anweisungen in Schritt 1 des Abschnitts „Hinterrad entfernen", so dass das Rad zwischen den Bremsklötzen hindurch passt.
2. Stellen Sie sicher, dass der Schnellspannhebel der Nabe auf „offen" steht oder dass die Achsmuttern herausgeschraubt sind und die Unterlegscheiben an ihnen anliegen.

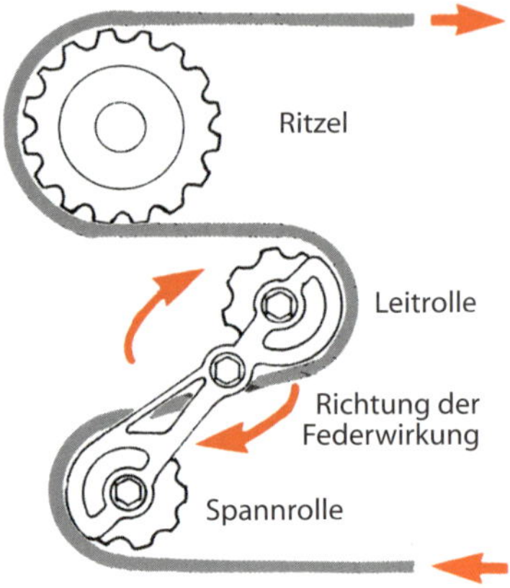

Abbildung 5.4 (oben): Kettenverlauf am Schaltwerk

Abbildung 5.5 (links): Anziehen oder Lösen der Achsmutter

3. Schieben Sie das Laufrad in das Ausfallende, führen Sie es dabei nahe der Felge zwischen die Bremsklötze (bei Felgenbremsen).
4. Bei einem Fahrrad mit Kettenschaltung sorgen Sie dafür, dass die Kette vorn auf dem kleinsten Kettenblatt läuft und das Schaltwerk auf den Gang gestellt ist, in dem die Kette auf dem kleinsten Ritzel läuft, und führen Sie die Kette über dieses kleinste Ritzel und um die Schaltröllchen herum wie in Abbildung 5.4 gezeigt.
5. Zentrieren Sie das Rad an der Felge zwischen des Sitzstreben (selber Abstand auf beiden Seiten) und legen Sie den Schnellspannhebel um. (Falls er nicht komplett umgelegt werden kann oder zu lose ist, justieren Sie die Klemmmutter, bis Sie den Hebel mit einiger Kraft Ihrer Hand vollständig umlegen können.) Bei einem Rad mit Achsmuttern ziehen Sie diese gleichmäßig und fest an.
6. Stellen Sie alle Befestigungen und Einstellungen wieder her, die Sie beim Ausbau des Rades angetastet haben (siehe Schritt 1 von Hinterrad ausbauen).

Wartung von Reifen und Schlauch

An fast allen Fahrrädern besteht jeder Reifen aus einem separaten (inneren) Schlauch und einem (äußeren) Mantel. Der Mantel umschließt den Schlauch und wird mit Metalldrähten oder anderen Armierungen, die in die Seitenwände eingebettet sind, auf der Felge gehalten.

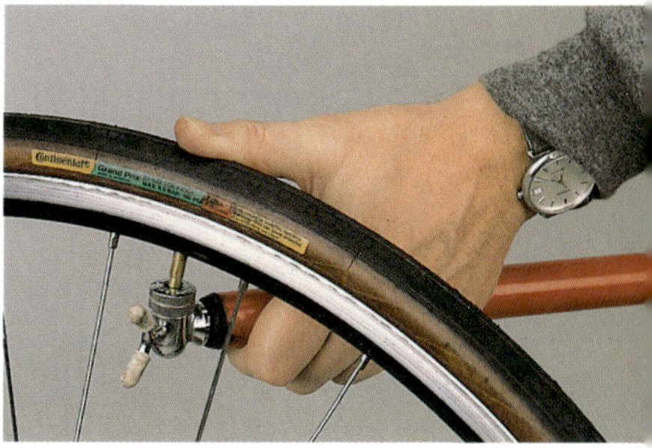

Abbildung 6.1: Einen Reifen aufpumpen.

Der Schlauch besitzt ein Ventil zur Regelung des Luftdrucks. Gegenwärtig werden zwei verschiedene Ventiltypen verwendet: französisches Ventil oder Auto-Ventil.

Gehen Sie sicher, dass Sie Schläuche mit demselben Ventiltyp kaufen wie an Ihrem Fahrrad. Vergewissern Sie sich außerdem, dass die Pumpe auf das Ventil passt.

Mäntel werden mit ihrer Nominal-Größe bezeichnet: z. B. 26x1.75 für einen typischen Mountainbike-Reifen, das heißt, dass der Außendurchmesser des Reifens ungefähr 26 Zoll beträgt und seine Breite etwa 1 3/4 Zoll. Wenn sie den Mantel ersetzen, stellen Sie sicher, dass er (annähernd) die selbe Größe wie der vorher verwendet hat. Wenn Sie einen Schlauch wechseln, vergewissern Sie sich, dass er zur Reifengröße passt.

Reifen aufpumpen

Pumpen Sie den Reifen auf, wann immer der Druck unangemessen ist. Er sollte mindestens den auf der Seitenwand angegebenen Druck haben. Idealerweise benutzen Sie eine Pumpe mit einem Druckmesser oder einen separaten Druckmesser.

Vorgehen:

1. Stellen Sie sicher, dass Sie die für den Ventiltyp Ihres Reifens richtige Pumpe und einen Druckmesser benutzen.
2. Prüfen Sie, ob das Ventil gerade in der Felge sitzt. Wenn nicht, lassen Sie alle Luft ab und richten Sie es gerade, indem Sie die Reifenseitenwand auf dem gesamten Umfang bearbeiten und den Reifen samt Schlauch in die richtige Richtung schieben.
3. Entfernen Sie die eventuell auf das Ventil geschraubte Staubkappe.
4. Je nach Ventiltyp: - Wenn Sie es mit einem französischen Ventil zu tun haben, schrauben Sie die kleine Rändelmutter am Ende auf und drücken Sie den Stift, an dem die Mutter befestigt ist, am Ende kurz herein, um ihn zu lösen. - Wenn das Fahrrad ein Auto-Ventil hat,

Abbildung 6.2: Einen Reifenheber ansetzen.

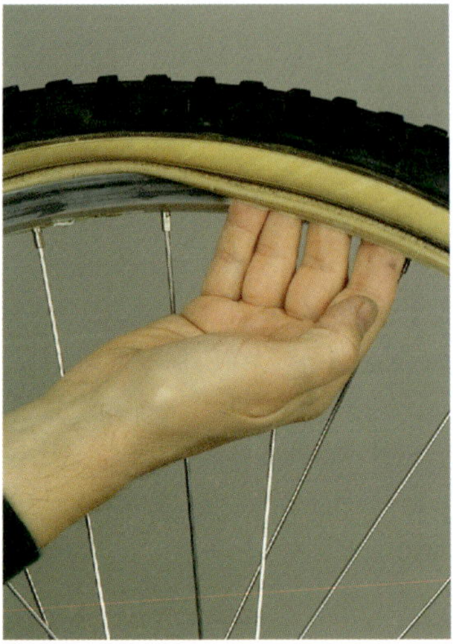

Abbildung 6.3: Den Reifen abheben.

drücken Sie den inneren Stift kurz, um ihn zu lösen. Versuchen Sie, nicht zu viel Luft entweichen zu lassen.

5. Stecken Sie den Kopf der Pumpe vollständig auf das Ventil und vermeiden Sie, dass Luft austritt. Vergewissern Sie sich, dass die Pumpe richtig auf dem Ventil sitzt und, wenn die Pumpe einen Kniehebel hat, legen Sie diesen um, so dass der den Ventilkopf auf dem Ventil festklemmt.
6. Halten Sie die Pumpe im rechten Winkel zum Ventil und pumpen Sie den Reifen auf, bis er den gewünschten Druck erreicht.
7. Wenn das Ventil französisches ist, ziehen Sie am Ende die Mutter wieder an; setzen Sie die Ventilkappe wieder auf.

Den Schlauch auswechseln

Der einfachste und schnellste Weg, ein Fahrrad mit einem platten Reifen zu „reparieren", ist es, den Schlauch auszuwechseln. Bevor Sie anfangen, bauen Sie das Rad aus wie in Kapitel 5 beschrieben.

Vorgehen:

1. Nehmen Sie die Ventilkappe vom Ventil und lassen Sie die restliche Luft aus dem Reifen, indem Sie den Stift in das Ventil drücken (bei einem französischen Ventil, nachdem Sie die Rändelmutter gelöst haben).
2. Falls am unteren Teil des Ventils eine Mutter festgeschraubt ist, entfernen Sie sie.
3. Drücken Sie das Ventil so weit wie möglich in den Reifen, um zur Mitte der Felge hin mehr Raum für die Reifenwulste zu schaffen.
4. Bearbeiten Sie die Seitenwand des Reifens von Hand, arbeiten Sie sich um den gesamten Reifen herum und drücken Sie den Wulst in Richtung des tieferen Teils in der Mitte des Felgenbetts, bringen Sie

Abbildung 6.4: Einlegen des Schlauches in die Decke.

dann einen Teil der Seite, von der aus Sie arbeiten, etwas entfernt vom Ventil, zurück über den Rand der Felge.

5. Stecken Sie das Ende des langen Teils eines L-förmigen Reifenhebers unter den Reifenwulst, über den Felgenrand, wobei das kurze Ende des Reifenhebers nach unten zum Mittelpunkt des Rades zeigt. Setzen Sie ihn dann ein, um den Wulst des Reifens hoch und über den Felgenrand zu drücken, indem Sie das eingekerbte Ende des Reifenhebers an einer Speiche einhaken.
6. Verfahren Sie genau so mit einem zweiten Reifenheber, etwa vier Speichen weiter.
7. Falls nötig, setzen Sie auf der anderen Seite noch einen dritten Reifenheber an.
8. Ziehen Sie mit dem Reifenheber oder Ihren Fingern die Seitenwand auf dem gesamten Umfang von der Felge.
9. Ziehen Sie den Schlauch zum größten Teil heraus.
10. Drücken Sie das Ventil durch das Ventilloch und ziehen Sie den Schlauch vollständig heraus.
11. Prüfen Sie den Zustand des Mantels außen und innen und entfernen Sie scharfe Fremdkörper, die sich eventuell festgesetzt haben (benutzen Sie wenn nötig eine Pinzette).
12. Überprüfen Sie den Zustand des Felgenbandes, das den tiefsten Bereich des Felgenbetts abdeckt, und stellen Sie sicher, dass es intakt ist und keine Speichenenden hindurchpieken (tauschen Sie das Felgenband aus und / oder feilen Sie hervorstehende Speichenenden ab, wenn nötig).
13. Legen Sie den neuen Schlauch am Ventil beginnend ein. Achten Sie sorgfältig darauf, dass er richtig im tiefsten Bereich der Felge unter dem Mantel liegt.
14. Pumpen Sie den Schlauch nur so weit auf, dass er nicht mehr schlaff ist, aber auch noch keinen nennenswerten Druck hat.

Abbildung 6.5: Die Seitenwand des Reifens wieder aufziehen.

15. Beginnend beim Ventil ziehen Sie den Mantel zurück auf die Felge. Bringen Sie ihn dabei an die tiefste Stelle der Felge, während Sie sich in beide Richtungen um die Felge herum arbeiten, bis er auf dem gesamten Umfang im Felgenbett sitzt. Der letzte Teil wird wahrscheinlich schwierig werden, aber benutzen Sie keinen Reifenheber oder ein anderes Werkzeug dafür – versuchen Sie stattdessen genug Schlupf zu erreichen, indem Sie den Reifenwulst tiefer in die Felgenmitte bringen und den ganzen Reifen Richtung Ventil ziehen (vielleicht müssen Sie dafür Luft aus dem Schlauch ablassen). Ziehen Sie dann den letzten Teil von der gegenüberliegenden Seite aus herüber wie in Abbildung 6.5 gezeigt.
16. Pumpen Sie den Schlauch leicht auf und kneten Sie dann die Seitenwände, bis Sie sicher sind, dass kein Teil des Schlauchs zwischen Felge und Reifenwulst eingequetscht ist.
17. Pumpen Sie den Schlauch auf seinen endgültigen Druck auf und schauen Sie dabei, ob Schlauch und Mantel richtig sitzen. Die Kante an der Seitenwand muss auf beiden Seiten über den gesamten Umfang den selben Abstand von der Felge haben. Falls notwendig, korrigieren Sie den Sitz, indem Sie erst etwas Luft ablassen, dann den gesamten Reifen rundherum bearbeiten, bis alles sitzt, und den Reifen dann wieder aufpumpen.
18. Prüfen Sie den Druck und korrigieren Sie ihn nötigenfalls.

Schlauch flicken

Wenn Sie keine (weiteren) Ersatzreifen mit sich führen oder sobald sie nach Hause kommen, können Sie einen beschädigten Schlauch für gewöhnlich reparieren, indem Sie ihn flicken. Die Arbeit ist größtenteils dieselbe, wie ich sie oben für den Austausch des Schlauchs beschrieben habe. Daher wird hier nur das tatsächliche Flicken erläutert. Um hiermit weitermachen zu können, wenn Sie die Reparatur auf der Straße durchführen müssen oder den Schlauch reparieren müssen, der am Fahrrad eingebaut ist, führen Sie zuerst die Schritte 1 bis 11 unter „Schlauch austauschen“ durch. Und wenn Sie den Schlauch geflickt haben, fahren Sie mit Schritt 12 der Anleitung fort.

Werkzeug und Ausrüstung

- Reifenflickzeug (selbstklebende Flicken, Schmirgelpapier, Gummilösung und Talkumpuder)

Vorgehen:

1. Prüfen Sie die gesamte Oberfläche des Schlauchs, beginnend bei der Stelle, die Sie vielleicht wegen einer Beschädigung als wahrscheinliche Quelle des Plattfußes ausgemacht haben.
2. Wenn Sie das Leck nicht so einfach finden können, pumpen Sie den Schlauch auf und halten Sie ihn an Ihr Ohr oder Auge, so dass Sie hören oder fühlen können, wo die Luft entweicht. Wenn Sie auch so das Leck nicht finden, tauchen Sie den aufgepumpten Schlauch in einen Behälter mit Wasser und halten Sie Ausschau nach aufsteigenden Luftblasen – dort sitzt das Loch (aber prüfen Sie noch weiter, denn es könnte auch noch mehr Löcher geben). Wenn Sie den Schlauch in Wasser getaucht haben, trocknen Sie ihn, bevor Sie fortfahren. Markieren Sie das Leck oder die Lecks, indem Sie einen Kreis aufzeichnen, der größer als der Flicken ist, den Sie verwenden werden.
3. Rauen Sie den Bereich mit einem Schmirgelpapier aus ihrem Reifenflick-Set auf und wischen Sie ihn sauber.

Abbildung 6.6: Gummilösung auf die zu flickende Stelle auftragen.

4. Tragen Sie eine dünne, gleichmäßige Schicht Gummilösung auf den zu flickenden Bereich auf, etwas größer als der Flicken, den Sie gewählt haben, und lassen Sie sie bei warmem Wetter etwa eine Minute lang antrocknen, bei kaltem Wetter zwei bis drei Minuten.

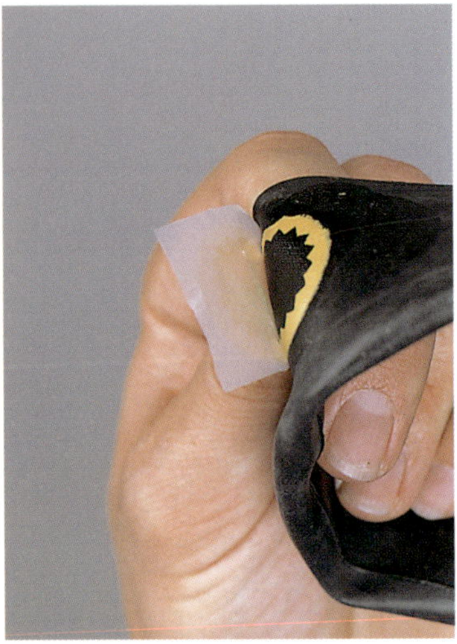

Abbildung 6.7: Den Flicken anbringen.

5. Ziehen Sie ein Ende der Schutzschicht (meist Aluminiumfolie) von dem Flicken ab, ohne die klebende Seite zu berühren. Legen Sie ihn auf die vorbehandelte Stelle des Schlauchs, mit dem Loch in der Mitte, und ziehen Sie dabei den Rest der Schutzfolie ab.
6. Üben Sie auf den ganzen Flicken ungefähr eine Minute lang starken Druck aus, indem Sie ihn mit der Hand festdrücken und z. B. mit dem Griff eines Schraubendrehers reiben, während Sie den Schlauch von unten dagegen drücken.
7. Überprüfen Sie, ob der Flicken auf seiner ganzen Fläche richtig klebt (und wiederholen Sie Schritt 3 bis 6, falls nicht).
8. Streuen Sie etwas Talkumpuder auf die geflickte Stelle, um zu verhindern, dass sie innen am Mantel des Reifens festklebt. (Wenn Sie die transparente Plastikfolie auf der nicht klebenden Seite des Flickens lassen, hat das denselben Effekt.)
9. Pumpen Sie den Schlauch auf und warten Sie eine Minute, um sicherzugehen, dass er dicht ist. Falls nicht, wiederholen Sie die Reparatur für das besagte Loch oder jedes andere, das Sie finden.
10. Lassen Sie die Luft wieder ab und legen Sie den Schlauch unter dem Mantel auf der Felge ein, wie in Schritt 12 bis 18 von „Schlauch auswechseln" dargestellt.

Hinweis:
Achten Sie darauf, dass das Felgenband richtig in der Felgenmitte liegt und die Speichennippel abdeckt. Wenn es fehlt oder beschädigt ist, ersetzen Sie es.

Mantel austauschen oder reparieren

Manchmal können Sie einen Reifenmantel flicken, wenn er einen kleinen Schnitt aufweist. Es ist aber besser, Sie ersetzen den Reifen ganz, wenn Sie können. Falls Sie sich entscheiden, ihn zu flicken, folgen Sie den Anleitungen oben für die Schlauchreparatur und flicken Sie die Innenseite des Mantels mit einem kleinen Stück, das Sie aus einem alten, dünnen Reifen herausgeschnitten haben. Benutzen Sie Gummikleber sowohl auf der Innenseite des Reifens als auch auf dem Flicken. Streuen Sie etwas Talkumpuder auf den Flicken, um zu vermeiden, dass der Schlauch am Mantel kleben bleibt.

Um den Mantel zu tauschen, folgen Sie dem Vorgehen unter Schlauch auswechseln, aber entfernen Sie den Mantel. Dann ziehen Sie den neuen Mantel auf einer Seite auf, legen den Schlauch wieder ein und folgen dem Rest der Beschreibung.

Wartung der Laufräder

Neben platten Reifen tauchen an den Laufrädern Probleme wie gebrochene Speichen, verbogene Felgen und defekte oder schlecht eingestellte Nabenlager auf. Um diese Probleme zu verstehen, ist es wichtig zu wissen, wie ein Laufrad aus Nabe, Speichen und Felgen zusammengebaut ist. Es ist die Spannung der Felgen, die das Rad zusammenhält.

Abbildung 7.1: Rundlauf am eingebauten Rad testen.

Laufradprobleme

Schäden am Laufrad kommen meist von einem Schlag gegen die Felge, der diese entweder in der Höhe oder seitlich verformt. Eine so verformte Felge läuft nicht mehr rund, sie eiert oder holpert. Man muss sie wieder ins Rund bringen. Einige der Felgen lösen sich, andere stehen mehr unter Spannung, einige können auch gebrochen sein. Prüfen Sie erst das Ausmaß des Schadens wie folgt:

Vorgehen für die Inspektion:

1. Stellen Sie das Fahrrad auf den Kopf (schützen Sie wenn nötig am Lenker montierte Teile).
2. Drehen Sie langsam das Rad und überprüfen Sie dabei den Abstand zwischen jeder Seite der Felge und dem Rahmen. Beobachten Sie, ob das Rad zur Seite eiert, also seitlich aus dem Rund schlägt, oder nach oben und unten holpert, also in der Höhe aus dem Rund schlägt. Schauen Sie auch, ob Felgen gebrochen sind.
3. Wenn es so aussieht, als sei durch allmähliche Einwirkung ein größerer Bereich verformt, werden Sie das wahrscheinlich reparieren können, indem Sie der Beschreibung unter „Laufrad zentrieren" folgen.
4. Ist die Verformung eher von geringer Ausdehnung und tritt jäh auf, ist diese vermutlich darauf zurückzuführen, dass die Felge durch einen direkten Schlag beschädigt wurde, was man nicht zufriedenstellend reparieren kann. Bei diesem Problem sollten Sie daher Ihre Werkstatt die Felge austauschen lassen.

Abbildung 7.2: Einsatz eines Speichenschlüssels beim Arbeiten am Rundlauf eines Rades.

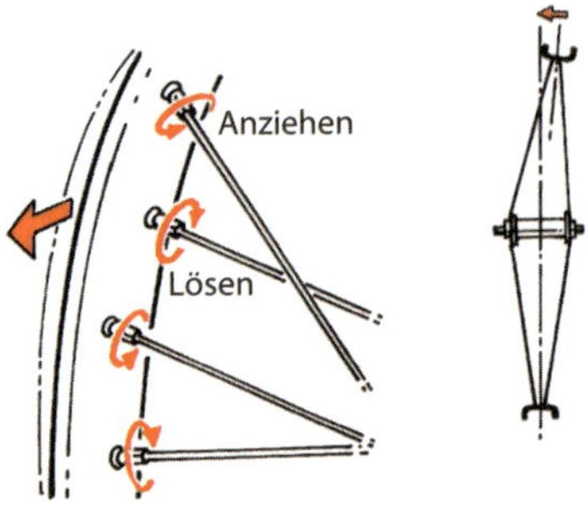

Abbildung 7.3: Beheben eines Seitenschlags

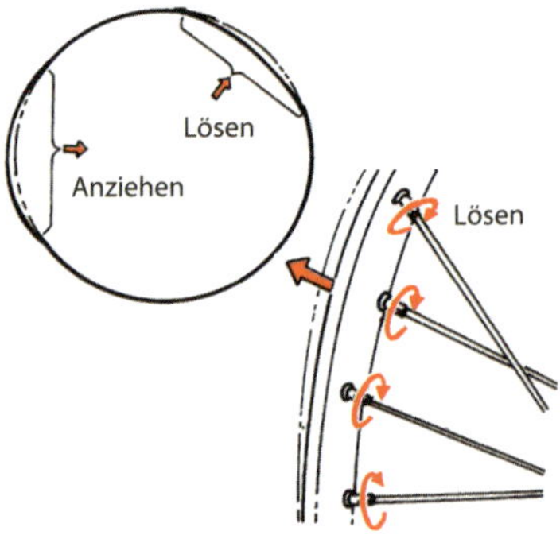

Abbildung 7.4: Beheben eines Höhenschlags

Laufrad zentrieren

Dies sind die nötigen Arbeitsschritte, mit denen Sie das Rad wieder in Form bringen, wenn Ihr Rundlauftest ergeben hat, dass es entweder seitlich eiert (also seitlich aus dem Rund schlägt) oder nach oben und unten holpert (also in der Höhe aus dem Rund schlägt).

Seitenschlag beheben

1. Auf der Grundlage des oben beschriebenen Rundlauf-Checks markieren Sie den Bereich des Laufrades, der im Verhältnis zur Mitte zwischen den beiden Sattelstreben oder den Gabelbeinen zu weit links oder rechts läuft.
2. Lösen Sie in diesem markierten Bereich die Speichen, die auf dieselbe Seite führen, zu der auch die Beule von der Mittellinie weg schlägt, und ziehen Sie die Speichen fest, die zur anderen Seite laufen. Drehen Sie dazu die Nippel mit dem Speichenschlüssel – am höchsten Punkt der Beule etwa eine Umdrehung und nach und nach weniger bis zu einer ¼-Umdrehung bei den Speichen am Ende des verbeulten Bereichs. - Wenn Sie von der Mitte des Laufrads Richtung Felge schauen, lösen Sie Felgen durch Drehen im Uhrzeigersinn und

ziehen sie an durch Drehen gegen den Uhrzeigersinn.

3. Wiederholen Sie Schritt 2 (aber drehen Sie die Nippel immer weniger, je näher Sie der gewünschten Wirkung kommen), bis der Seitenschlag behoben ist.

Höhenschlag beheben

Identifizieren Sie mit derselben Technik wie in Schritt 1 des Abschnitts „Seitenschlag beheben" den Punkt, an dem die Felge nach außen beziehungsweise nach innen schlägt (den hohen oder den tiefen Punkt) und markieren Sie die am nächsten gelegenen Speichen. Dann lösen Sie die Speichen in dem flachen Bereich und ziehen die Felgen in dem hohen Bereich an, bis das Auf-und-ab-Holpern behoben ist (also das Rad radial wieder rund läuft). Gehen Sie dabei vor wie Schritt 2 und 3 des Abschnitts „Seitenschlag beheben" beschrieben.

Notreparatur für verbeulte Räder

Wenn Sie plötzlich unterwegs vor einem total verbeulten Rad stehen, zum Beispiel, weil Sie gegen ein Hindernis gefahren sind, können Sie das Rad am Straßenrand provisorisch reparieren. Fahren Sie danach jedoch besonders vorsichtig und lassen Sie die Werkstatt das Rad reparieren, sobald Sie heimkommen.

Vorgehen:

1. Bauen Sie das Laufrad aus.
2. Finden Sie eine passende Stufe, etwa einen Bordstein, auf der Sie einen Teil der Felge ablegen können, während der andere weiter unten gestützt wird und die Nabenachse die Straße nicht berührt. Platzieren Sie das Laufrad so, dass der am stärksten nach außen gebogene Teil auf

Abbildung 7.5: Notreparatur eines verbeulten Rades

dem höheren Ablagepunkt nach unten zeigt.

3. Drücken Sie 90 Grad zu jeder Seite der verbeulten Stelle versetzt die Felge herunter. Fahren Sie fort, bis die Felge einigermaßen gerade ist.
4. Bauen Sie das Rad wieder ein und prüfen Sie den Rundlauf wie oben beschrieben, dann stellen Sie die Spannung der Speichen so gut wie unter diesen Umständen möglich ein, bis das Holpern oder Eiern ein Minimum erreicht.

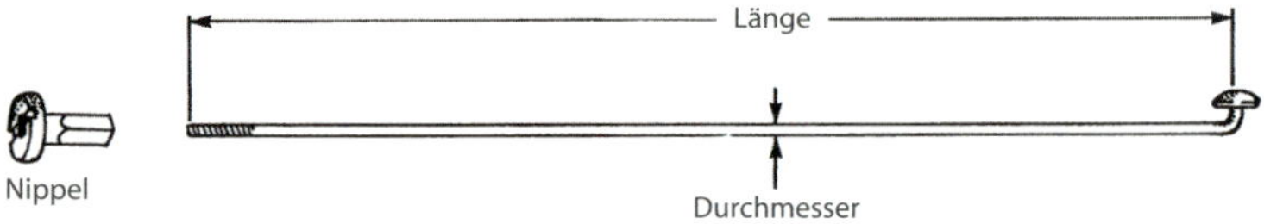

Abbildung 7.6: Speichendetails

Abbildung 7.7: Ersetzen einer gebrochenen Speiche

Speichen austauschen

Wenn eine Speiche bricht, sollten Sie sie so bald wie möglich ersetzen. Speichen gibt es in vielen Längen (mit passenden Nippeln), abhängig von der Größe und Bauart von Felge und Nabe und dem Speichenmuster. Fragen Sie Ihre Fahrradwerkstatt, welche Länge Ihre Ersatzspeichen haben sollten, und nehmen Sie auf langen Fahrten immer einige mit.

Vorgehen:

1. Entfernen Sie die verbleibenden Teile der gebrochenen Speiche, indem Sie den äußeren Teil vom Nippel schrauben.
2. Kaufen Sie eine Speiche, die genau die selbe Länge und Dicke wie die anderen Speichen auf der selben Seite des Laufrades hat. - Wenn die Speiche sehr lose im Nippel hängt, tauschen Sie auch den Nippel aus: Entfernen Sie einen Teil des Reifens und des Schlauchs wie in Kapitel 6 beschrieben, heben Sie das Felgenband an und brechen Sie den alten Nippel heraus. Dann legen Sie den neuen ein und bauen Sie Felgenband, Schlauch und Reifen wieder ein.
3. Richten Sie die neue Speiche genau so aus wie auch diejenige verläuft, die von der zu ersetzenden Speiche aus gesehen im zweiten Loch des Nabenflansches sitzt: mit dem Kopf innen oder außen und über oder unter den verschiedenen kreuzenden Speichen her laufend.
4. Tragen Sie etwas Schmieröl auf das eingezogene Ende der Speiche auf und führen Sie dann die neue Speiche genau so, wie Sie es in Schritt 3 beobachtet haben. Schrauben Sie den Nippel auf das Ende der Speiche, bis sie dieselbe Spannung wie die anderen Speichen auf der selben Seite des Laufrades erreicht.

Abbildung 7.8: Einstellen der Nabenlager (Konuslager)

5. Testen Sie das Laufrad und korrigieren Sie nötigenfalls den Rundlauf wie in der Beschreibung „Laufrad zentrieren“ auf Seite 38.

Die Naben

Die Nabe besteht aus einer Achse, einem Satz Kugellager und dem Nabenkörper. An den Seiten hat die Nabe Flansche für die Löcher, in die die Speichen eingezogen werden. Schnellspann-Naben haben hohle Achsen, bei angeschraubten Naben, also solchen, die von Achsmuttern gehalten werden, sind sie massiv.

Bei den Kugellagern kann es sich um justierbare Konuslager oder Industrielager handeln. Zur Wartung der Lager gehören das Justieren, das Fetten und das Überholen.

Für alle diese Arbeiten können Sie das Rad eingebaut lassen. Wenn das Rad entweder schwer läuft oder lose ist (bei der monatlichen Inspektion oder wenn Sie ein Problem vermuten), sollten die Lager justiert werden. Das funktioniert nur bei Naben mit Konuslagern, also fragen Sie in Ihrer Werkstatt nach, welcher Typ an Ihrem Rad verbaut wurde.

Abbildung 7.9: Nabenlagerkonus, der für die Lagerfettung ausgebaut wurde.

Einstellen der Nabenlager

Dazu brauchen Sie ein Paar Konusschlüssel sowie die in Kapitel 2 empfohlenen Werkzeuge für Reparaturen am Straßenrand. Fragen Sie in Ihrer Werkstatt nach der richtigen Schlüsselgröße für das fragliche Laufrad.

Vorgehen:

1. Bauen Sie das Rad aus wie in Kapitel 5 beschrieben.
2. Halten Sie den Konus auf der einen Seite mit einem Konusschlüssel fest und lösen Sie gleichzeitig mit einem weiteren Konusschlüssel oder einem normalen Schraubenschlüssel durch ungefähr eine volle Drehung die Kontermutter auf derselben Seite.
3. Heben Sie die Nasenscheibe an, die zwischen Konus und Mutter installiert ist, so dass Sie sich vom Konus löst. - Falls das Lager zu lose war, ziehen Sie den Konus in Schritten von etwa 1/8-Umdrehung fester und halten Sie dabei die Kontermutter auf der gegenüber liegenden Seite mit einem Schlüssel fest. - Falls das Lager zu fest saß, lösen Sie den Konus in Schritten von etwa 1/8-Umdrehung und halten Sie dabei den Konus auf der gegenüber liegenden Seite mit einem weiteren Konusschlüssel am Platz.
4. Ziehen Sie die Kontermutter fest und halten Sie dabei den Konus auf derselben Seite fest, dann überprüfen Sie die Einstellung wie oben beschrieben und wiederholen den Vorgang wenn nötig, bis die Nabe leicht und ohne seitliches Spiel läuft.
5. Bauen Sie das Laufrad wieder ein, indem Sie den Anweisungen in Kapitel 5 folgen.

Fetten der Nabe

Diese Arbeit überlassen Sie normalerweise besser dem Zweiradmechaniker. Bei einem Konuslager können Sie es aber in Verbindung mit den gerade beschriebenen Einstellarbeiten selbst machen. Fahren Sie dazu einfach nach Schritt 3 mit dem Lösen der Kontermutter und des Lagerkonus fort. Dann fangen Sie die Kugeln auf, reinigen alles und füllen die Lagerschalen in der Nabe mit Lagerfett. Kugeln einlegen, alles zusammenbauen und einstellen wie oben beschrieben.

Wartung des Antriebs

Der Antrieb umfasst alle Teile, die die Kraft des Radfahrers auf das Hinterrad übertragen: Kurbelgarnitur, Kette und Pedale. Die damit verbundenen Gangschaltungen werden in Kapitel 9 und 10 separat behandelt.

Die Kurbelgarnitur besteht aus den Kurbeln, dem Tretlager und den Kettenblättern, die an der rechten Kurbel befestigt sind.

Ältere und billigere Fahrräder können Kurbeln haben, die mit Kurbelkeilen befestigt sind. Die meisten neueren Fahrräder haben einen Kurbelsatz, der ohne Keil gehalten wird Bei diesen endet die Tretlagerwelle entweder in einem Vierkant oder in mehreren Zähnen. Die Kurbeln werden dabei von einer Schraube (manchmal Mutter) gehalten, die in einem größeren zylindrischen, mit einem Gewinde versehenen, nach außen zeigenden Kurbelauge sitzt, oft mit einer Staubkappe über der Schraube.

Abbildung 8.1: Lösen der Kurbelschraube.

Kurbel festziehen

Ziehen Sie die Kurbeln bei Ihrer monatlichen Inspektion fest und immer dann, wenn ein Knacken oder andere Zeichen darauf hindeuten, dass die Verbindung zwischen Kurbel und Tretlager locker ist. Werkzeug und Vorgehen dafür hängen davon ab, wie die Kurbeln befestigt sind.

Vorgehen für Fahrräder mit großer, frei liegender Inbusschraube:

1. Ziehen Sie die Inbusschraube mit einem 8-mm-Inbusschlüssel fest, halten Sie die Kurbel dabei fest, um eine Hebelwirkung zu erzielen.
2. Ziehen Sie auch die andere Kurbel fest, auch wenn Sie nicht locker zu sein schien.

Vorgehen für Fahrräder mit separater Staubkappe:

1. Entfernen Sie die Staubkappe.
2. Ziehen Sie mit dem Schlüssel des Kurbelabziehers die Schraube an, während Sie die Kurbel als Hebel fest halten.
3. Setzen Sie die Staubkappe wieder auf.

Abbildung 8.2: Gezahnte Kurbel und Tretlagerwelle

Kurbel an- und abbauen

Diese Arbeit ist vielleicht notwendig, wenn Sie sich Zugang zum Tretlager selbst verschaffen müssen, etwa um es zu überholen oder um die Kurbel auszutauschen, zum Beispiel wenn sie verbogen oder beschädigt ist.

Kurbel abbauen:

1. Entfernen Sie die Staubkappe und dann die Schraube. Falls es sich um eine Inbusschraube mit einem schwarzen Kunststoffring außen herum handelt: Lösen Sie nur die Inbusschraube. Wenn die Schraube oder die Mutter abgenommen ist (bei Modellen mit Vierkantwelle entfernen Sie eine eventuell eingelegte Unterlegscheibe (sehr wichtig: Wenn Sie diesen Schritt auslassen, können Sie die Kurbel nicht abziehen und ruinieren möglicherweise das Schraubgewinde in der Kurbel). Bei Modellen mit gezahnter Kurbelaufnahme schrauben Sie einfach die Schraube los, dabei wird die Kurbel automatisch von der Welle gezogen.
2. Bei Modellen, die einen Kurbelabzieher erfordern, stellen Sie sicher, dass keine Unterlegscheibe in dem Ausschnitt geblieben ist und dass der Abzieher vollständig zurückgedreht ist; dann schrauben Sie ihn mit dem Schlüssel so weit wie möglich in das Abzugsgewinde des Kurbelauges.
3. Halten Sie mit einem Schlüssel den äußeren Teil des Kurbelabziehers und schrauben Sie den mittleren Teil mit dem anderen Schlüssel hinein.
4. Auf diese Weise wird die Kurbel abgezogen; schrauben Sie dann den Kurbelabzieher von der Kurbel herunter.

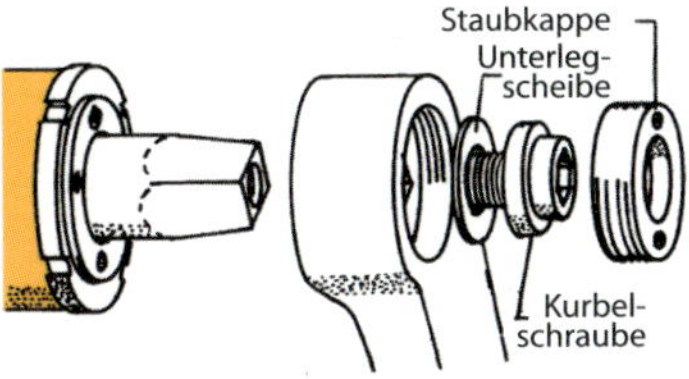

Abbildung 8.3: Detailansicht einer Kurbelbefestigung mit nur einem Inbusschlüssel.

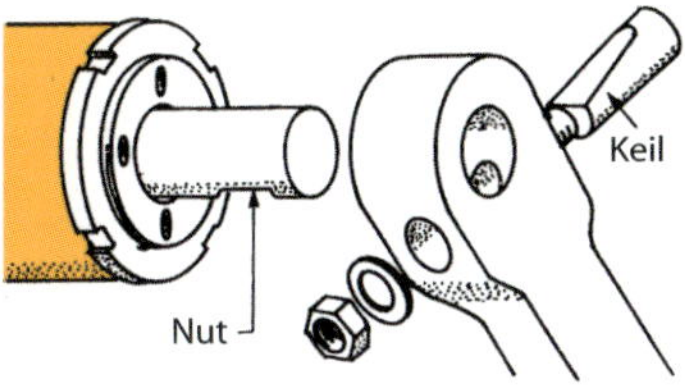

Abbildung 8.4: Details einer Kurbelbefestigung mit Keil.

Kurbel anbauen:

1. Reinigen und inspizieren Sie die Teile. Wo nötig, ersetzen Sie sie. Dann tragen Sie eine dünne Schicht Fett auf die ineinander passenden flachen oder gezahnten Flächen der Tretlagerwelle und der Kurbel auf.
2. Setzen Sie die Kurbel auf die Tretlagerwelle, 180 Grad zur anderen Kurbel versetzt, und schieben Sie sie von Hand so weit wie möglich darauf.
3. Bei Modellen ohne gezahnte Kurbelaufnahme legen Sie dann die Unterlegscheibe ein und setzen zuletzt die Schraube auf. Ziehen Sie die Schraube fest an, wobei Sie die Kurbel als Hebel benutzen.
4. Ziehen Sie die Schraube an und bringen Sie – nur bei Modellen ohne gezahnte Kurbelaufnahme – die Staubkappe oder den Kunststoffring wieder an.
5. Ziehen Sie die Schraube erneut an, nachdem Sie eine Stunde mit dem Rad gefahren sind; ein weiteres Mal nach mehr als vier Stunden Gebrauch – und sofort immer dann, wenn sie sich zu lösen scheint (zum Beispiel wenn Sie knarrende Geräusche hören).

Hinweis zur Kurbelbefestigung mit nur einem Schlüssel:

Wenn das, was wie eine Staubkappe um eine 8-mm-Inbusschraube aussieht, zwei runde Einschnitte hat, handelt es sich wahrscheinlich um eine Kurbelaufnahme, die nur mit einem Schlüssel zu lösen ist. Die Kurbel wird hier schon dadurch abgeschoben, dass man diese Inbusschraube weit genug losschraubt. Entfernen Sie das, was wie eine Staubkappe aussieht, nicht.

Vorgehen bei Kurbeln mit Keilbefestigung

Es gibt sie an älteren Fahrrädern immer noch, und auch sie müssen gewartet werden. Wenn von Keilen gehaltene Kurbeln sich lösen, stellen Sie sie sofort wieder fest, um größeren Schaden zu vermeiden.

Stützen Sie die Kurbel nahe der auf dem Keil sitzenden Mutter auf einer festen Unterlage ab und schlagen Sie von der anderen Seite mit einem Hammer auf den Keil; dann ziehen Sie die Mutter fest.

Abbildung 8.5: Einstellen des Lagers an Fauber-Kurbel und Tretlager.

Tretlager warten

Das Tretlager ist am tiefsten Punkt des Rahmens eingebaut. Die Kurbeln sind auf beiden Seiten des Tretlagers befestigt. An neueren Rädern ist es meist eine in sich geschlossene Einheit oder eine Patrone. Ältere Tretlager und solche an billigeren Fahrrädern können getrennte Konuslager haben, diese Bauart wird auch BSA genannt. Weiterhin gibt es die älteren Bauarten Fauber und Thompson, die bei einigen einfachen europäischen Fahrrädern eingesetzt werden.

Patronentretlager können nicht justiert werden, alle anderen Typen schon. Falls Sie ein Problem mit einem Patronenlager haben (etwa dass es locker oder schwergängig ist), lassen Sie es in der Fahrradwerkstatt warten. Die anderen Typen werden gewartet wie in den folgenden Abschnitten beschrieben.

Tretlager einstellen

Für diese Arbeit können Sie die Kurbeln angeschraubt lassen. Sie brauchen Spezialwerkzeug, das Sie im Fachhandel bekommen.

Vorgehen:

1. Schrauben Sie den eingekerbten Konterring mit dem passenden Werkzeug und etwa einer Umdrehung von der linken Seite des Tretlagers ab.
2. Benutzen Sie den Hakenschlüssel ihres Tretlagerwerkzeugs, um die linke Lagerschale um etwa 1/8 Umdrehung fester anzuziehen oder zu lockern.

3. Halten Sie die Lagerschale mit dem Hakenschlüssel fest, ziehen Sie den Konterring fest an und stellen Sie sicher, dass sich die Lagerschale nicht versehentlich mitdreht.
4. Testen Sie, ob die Einstellung nun korrekt ist und wiederholen Sie wenn nötig den Vorgang.

Fauber-Kurbelgarnituren:
Bei dieser Bauart sind die beiden Kurbelarme und die Welle als z-förmige Einheit fest verbunden. Sie müssen einmal im Jahr neu eingestellt werden und immer dann, wenn sich das Lager locker oder schwergängig anfühlt.

Vorgehen:
1. Lösen Sie die Kontermutter auf der linken Seite durch Drehen im Uhrzeigersinn (Linksgewinde).
2. Heben Sie die Nasenscheibe an und benutzen Sie dann den Schraubendreher, um den Konus zu justieren – drehen Sie nach links, um das Lager fester zu stellen, nach rechts, um es zu lösen.
3. Halten Sie den Konus mit dem Schraubendreher fest und schrauben Sie die Kontermutter gegen den Uhrzeigersinn wieder fest.

Kettenblätter warten

Bei normalem Gebrauch halten Kettenblätter viele Jahre. Bei Rädern ohne Kettenschaltung gibt es nur ein Kettenblatt, und das ist oft fest mit der rechten Kurbel verbunden, so dass es nur zusammen mit der Kurbel ausgetauscht werden kann.

Wenn das Kettenblatt oder seine Zähne verbogen sind, lassen Sie es in einer Fahrradwerkstatt gerade biegen oder tauschen Sie das Kettenblatt aus.

Abbildung 8.6: Befestigungsschrauben des Kettenblatts festziehen.

Kettenblatt festziehen:
Die Befestigung der Kettenblätter muss nachgezogen werden, wenn Befestigungsschrauben locker sind. Bei Kettenschaltungen kann dies auch der Grund für unerwartete Schaltvorgänge sein.

Halten Sie nacheinander jede Schraube auf der Rückseite des Kettenblattes mit einem genuteten Spezialschlüssel und ziehen Sie die zugehörige Inbusschraube von der Vorderseite fest. Arbeiten Sie sich um das Kettenblatt herum, bis alle Schrauben (in der Regel vier oder fünf) festgezogen sind.

Abbildung 8.7: Gebrauch des Kettenwerkzeugs.

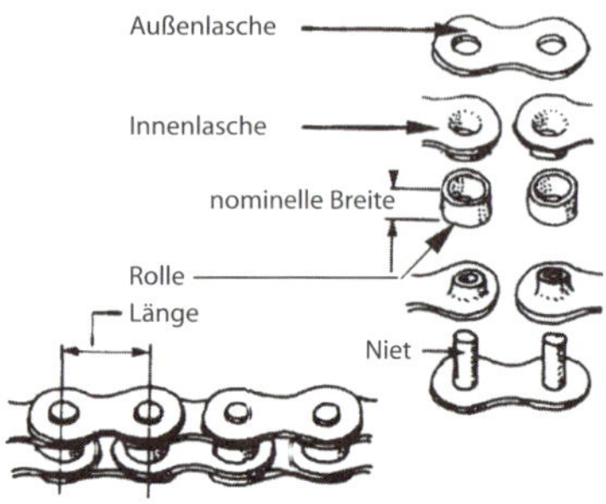

Abbildung 8.8: Details der Kette

Kette warten

Die wichtigsten Punkte, die zu beachten sind, sind die Reinigung, Schmierung und der Verschleiß (der zu einer offensichtlichen "Längung" führt). Bei moderatem Gebrauch hält eine Kette mehrere Jahre, so lange man sie gut schmiert. Um eine verschlissene Kette zu ersetzen oder das Fetten zu erleichtern, sollten Sie wissen, wie man die Kette aus- und wieder einbaut. Sie brauchen ein Kettenwerkzeug, dass genau zu der Kette an ihrem Fahrrad passt.

Kette ausbauen:

1. Schalten Sie in den Gang, in dem die Kette über das kleinste Ritzel hinten und das kleinste Kettenblatt vorn läuft.
2. Drehen Sie die Kurbel des Nietendrückers (gegen den Uhrzeigersinn), so dass der Dorn des Werkzeugs ganz zurück gezogen ist. Platzieren Sie dann das Werkzeug zwischen zwei Kettenglieder und drücken Sie den Dorn des Werkzeugs fest gegen den Kettenniet.
3. Drehen Sie die Kurbel fest (im Uhrzeigersinn) und drücken Sie so den Kettenniet heraus; drücken Sie den Niet jedoch nicht vollständig heraus (es wird praktisch unmöglich, den Niet zu ersetzen, wenn Sie ihn ganz herausgeschoben haben) – nur so weit, dass nicht mehr als 0,5 Millimeter des Niets in der Kette bleiben.
4. Drehen Sie die Kurbel zurück (gegen den Uhrzeigersinn), bis Sie das Werkzeug von der Kette nehmen können.
5. Nehmen Sie die Kettenglieder an der Stelle mit dem zurückgeschobenen Kettenniet auseinander.

Kette einbauen:

1. Schalten Sie in den Gang, in dem die Kette hinten auf dem kleinsten Ritzel und vorn auf dem kleinsten Kettenblatt läuft.
2. Nehmen Sie das Ende, aus dem kein Kettenniet hervorsteht und führen Sie die Kette um das Kettenblatt, durch das Umwerfergehäuse, über das kleine hintere Ritzel und über und zwischen den Schaltröllchen hindurch wie in Abbildung

5.4 auf Seite 30 gezeigt, bis Sie die zwei Enden der Kette verbinden können.

3. Schieben Sie das leicht nach innen hervorstehende Ende des Niets, den Sie herausgedrückt hatten, über das innere Kettenglied am anderen Ende der Kette und richten Sie beiden Teile aus.
4. Drehen Sie die Kurbel des Kettenwerkzeugs so weit zurück, dass der Dorn der Werkzeugs das herausstehende Ende des Kettenniets nicht berührt. Drehen Sie ihn dann so weit herein, bis der Dorn und der Niet festen Kontakt haben.
5. Halten Sie die beiden Kettenglieder weiter richtig ausgerichtet, drehen Sie die Kurbel des Kettenwerkzeugs hinein und drücken Sie so den Kettenniet wieder hinein bis er an beiden Seiten gleich weit heraussteht; nehmen Sie dann das Werkzeug ab.
6. Verdrehen Sie die beiden Kettenglieder in beide Richtungen, bis sie frei um den wieder eingesetzten Niet rotieren. Falls das so nicht funktioniert, setzen Sie das Kettenwerkzeug von der gegenüberliegenden Seite an und drücken Sie den Kettenniet leicht zurück.

Allgemeiner Hinweis:
Wenn der Niet beim Ausbauen der Kette versehentlich ganz herausgedrückt wurde, können Sie die letzten beiden Kettenglieder entfernen und sie durch einen neuen zweigliedrigen Kettenteil ersetzen. Passen Sie dabei auf, dass Sie den Niet nicht wieder lösen.

Hinweis zu rutschenden Ketten:
Wenn die Kette von den Ritzeln rutscht (in der Regel nur in dem Gang, in dem das kleinste Ritzel gebraucht wird), ist es an der Zeit, sowohl die Kette als auch das fragliche Ritzel auszutauschen.

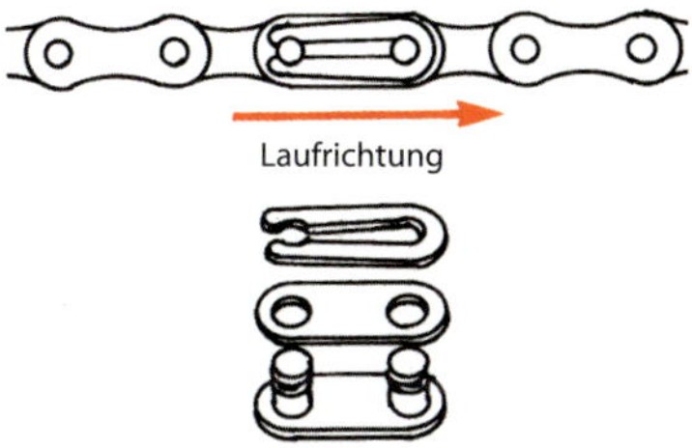

Abbildung 8.9: Detail eines Kettenschlosses (nur an Fahrrädern ohne Kettenschaltung).

Ketten mit Kettenschloss

Die breitere Kette, die an den meisten Fahrrädern ohne Kettenschaltung gefahren wird, kann an einem speziellen Kettenschloss geöffnet und geschlossen werden. Den Aufbau zeigt Abbildung 8.9.

Entfernen Sie es, indem Sie die Federspange z. B. mit einem kleinen Schraubendreher aufschieben (decken Sie das Teil mit einem Lappen ab, so dass Sie die kleine Feder nicht verlieren). Dann können Sie die lockere Außenlasche abheben und den Rest des Kettengliedes (die feste Lasche mit den beiden daran befestigten Nieten) auf der anderen Seite aus der Kette ziehen. Wenn Sie ein Kettenschloss schließen, achten Sie darauf, dass das geschlossene Ende der Federspange in die Laufrichtung der Kette zeigt.

Wenn solch eine Kette an einem Rad ohne Kettenschaltung zu locker oder zu eng sitzt (in der Mitte zwischen Kettenblatt und Ritzel mehr oder weniger als zwei Zentimeter Spiel nach oben und unten), lösen Sie das Hinterrad und schieben Sie es zurück oder vor. Befestigen Sie es dann wieder. Bei einem Rad mit Nabenbremse müssen Sie den Bremsmomenthebel lösen und in der richtigen Stellung wieder befestigen, wenn das Rad wieder eingebaut ist.

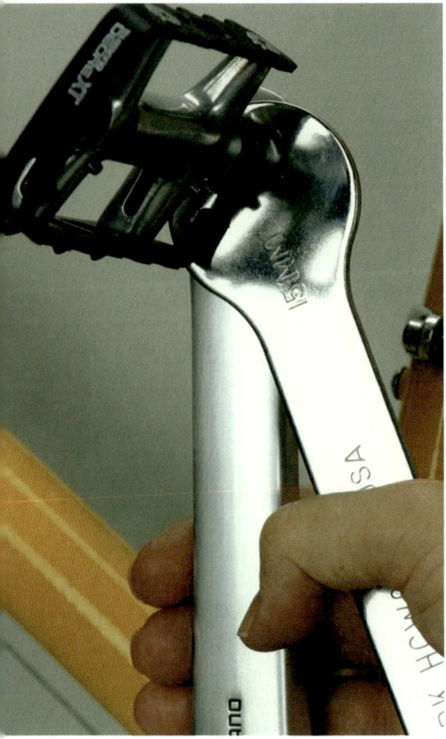

Abbildung 8.10: Festziehen oder Lösen eines Pedals mit einem Pedalschlüssel.

Pedale warten

Die Pedale sind in die Gewinde am Ende der Kurbeln geschraubt. Die linke Pedale hat ein Linksgewinde (und ist für gewöhnlich mit einem „L" gekennzeichnet), während die rechte Pedale in der Regel ein Rechtsgewinde hat. Wenn Sie Schwierigkeiten beim Festziehen oder Lösen eines Pedals haben, prüfen Sie zunächst, ob Sie sie in die richtige Richtung drehen – Linksgewinde bedeutet gegen den Uhrzeigersinn anziehen und im Uhrzeigersinn lösen.

Pedale gibt es in zwei Basisausführungen: konventionell und clipless. Clipless-Pedale haben immer Patronenlager, während die konventionellen Pedale oft justierbare Lager haben.

Pedale austauschen

Diese Arbeit wird erforderlich, wenn das Fahrrad in einer schmalen Kiste gelagert werden muss, zum Beispiel für den Transport. Beachten Sie, dass der Pedalschlüssel entweder die metrische Größe 15 Millimeter oder die nicht-metrische Größe 9/16 Zoll haben kann. Oft können Sie stattdessen auch einen Inbusschlüssel benutzen.

Pedale abbauen:

1. Setzen Sie den Pedalschlüssel an den flachen Seiten des Stutzens zwischen Pedal und Kurbel an. (Falls das Pedal nicht zu fest sitzt, können Sie das für gewöhnlich mit einem Inbusschlüssel machen, mit dem Sie von der Rückseite der Kurbel aus die sechseckige Aussparung erreichen, die die meisten neueren Pedale am Ende aufweisen.)
2. Halten Sie den Kurbelarm fest und:
   - drehen Sie am rechten Pedal gegen den Uhrzeigersinn,
   - drehen Sie am linken Pedal im Uhrzeigersinn.
3. Schrauben Sie das Pedal ganz heraus.

Pedale anbauen:

1. Reinigen Sie die Gewindeoberflächen in den Kurbeln und an den Pedalen und schmieren Sie sie leicht.
2. Stecken Sie den Pedalstutzen in das Gewinde der Kurbel und beginnen Sie von Hand zu schrauben (gegen den Uhrzeigersinn beim linken Pedal).

3. Schrauben Sie das Pedal mit dem Pedalschlüssel (oder mit dem Inbusschlüssel von der Rückseite der Kurbel aus) vollständig hinein. Ein übermäßiges Festziehen der Pedale ist nicht nötig.

Clipless-Pedale einstellen

Wenn ein Clipless-Pedal es Ihnen zu schwer macht, Ihren Fuß davon zu lösen, oder wenn es den Schuh nicht fest genug hält, können Sie die Federspannung justieren.

1. Suchen Sie am fraglichen Pedal nach den Einstellschrauben für die Spannung.
2. Stellen Sie die Schraube(n) fest oder lösen Sie sie, je nach Bedarf.
3. Prüfen Sie die Funktion und führen Sie falls nötig eine Feineinstellung durch.

Abbildung 8.11: Auslösehärte eines Clipless-Pedals einstellen.

Pedallager einstellen

Dies ist nur bei konventionellen Pedalen mit Konuslagern möglich. Die Pedale müssen Sie dazu nicht abbauen.

1. Halten Sie das Pedal an der Kurbel und lösen Sie die Staubkappe (sie ist für gewöhnlich aufgeschraubt, kann aber auch aufgesteckt sein, so dass Sie sie abhebeln müssen).
2. Schrauben Sie die Kontermutter mit ungefähr einer Umdrehung auf.

Abbildung 8.12: Teile eines justierbaren Pedals (mit Konuslager).

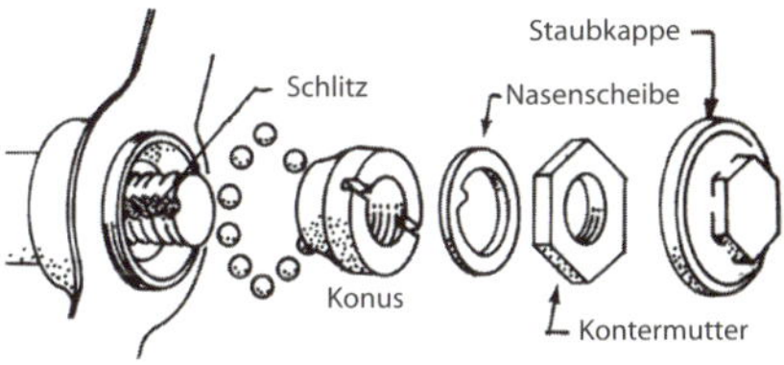

Abbildung 8.13: Details der Pedallagereinstellung

3. Benutzen Sie ein auf den Konus passendes Werkzeug (einen kleinen Schraubendreher, wenn das Ende des Konus eine Nut hat), drehen Sie den Konus um eine ¼-Umdrehung herein oder heraus, um das Lager anzuziehen beziehungsweise zu lösen.
4. Ziehen Sie die Kontermutter fest, während Sie den Konus mit dem Schraubendreher halten.
5. Prüfen Sie die Einstellung des Lagers und nehmen Sie wenn nötig Feineinstellungen vor. Stellen Sie dabei sicher, dass die Gegenmutter richtig fest sitzt.
6. Bringen Sie die Staubkappe wieder an.

Abbildung 8.14: Ausbau eines aufgeschraubten Freilaufblocks.

Pedallager schmieren:
Diese Aufgabe verlangt in großen Teilen dieselben Schritte wie die Einstellung der Lager, so dass hier nur die abweichenden aufgeführt sind.

1. Folgen Sie Schritt 1, 2 und 3 oben, aber entfernen Sie Gegenmutter, Unterlegscheibe und Konus vollständig, wobei Sie die Kugeln in einem Tuch auffangen.
2. Ziehen Sie den Körper von der Welle und fangen Sie auch die Kugeln von der Innenseite auf.
3. Reinigen Sie alles und füllen Sie die Lagerschalen mit Fett, legen Sie dann die Kugeln wieder ein und schrauben Sie alles wieder zusammen.
4. Stellen Sie das Lager wie oben beschrieben ein und bringen Sie die Staubkappe an.

Abbildung 8.15: Ausbau eines Kassettenfreilaufs.

Freilauf und Ritzel warten

Die Ritzel am Hinterrad sind an einem Freilauf angebracht, der entweder in einen Teil der Nabe integriert sein kann („Kassettennabe") oder in eine eigenständige Einheit, die auf die Nabe geschraubt ist („Freilaufblock").

Abbildung 8.16: Gebrauch des Freilaufwerkzeugs bei der Demontage einer Kassette.

Die Ritzel sind entweder festgeschraubt oder mit Splinten befestigt und werden von einem aufgeschraubten Teil zusammengehalten (entweder einem separaten Konterring oder dem kleinsten Ritzel).

Gelegentlich sollten Sie die Ritzel und die Zwischenräume reinigen. Bauen Sie das Hinterrad aus (siehe Kapitel 5). Benutzen Sie dann ein dünnes Tuch, das Sie in einer Mischung aus Lösungsmittel und zehn Prozent Mineralöl tränken, zu einem dünnen Streifen falten, mit beiden Händen lang ziehen und zwischen den Ritzeln hin- und herbewegen.

Den Freilaufkörper können Sie mit einem dicken SAE 60-Mineralöl schmieren, das Sie in die sichtbare Lücke zwischen den beweglichen Teilen tropfen. Halten Sie dabei das Rad horizontal und fangen Sie Tropfen auf der anderen Seite mit einem Lappen auf.

Falls die Kette vom kleinsten Ritzel abrutscht, müssen Sie sowohl die Kette als auch dieses Ritzel ersetzen.

Abbildung 8.17: Auseinanderbauen von Kassettenritzeln.

Freilauf ausbauen

Wenn eine Speiche auf der Kettenseite des Hinterrades bricht, müssen Sie den Freilauf oder die Ritzel ausbauen.

Die Zahnkranzkassette einer Kassettennabe wird mit einem speziellen Werkzeug demontiert: Bauen Sie das Rad aus, fixieren Sie das Spezialwerkzeug lose mit dem Schnellspanner und schrauben Sie es mit einem großen Schraubenschlüssel los, während Sie das Laufrad fest halten (lösen Sie den Hebel des Schnellspanners etwas, falls es während des Abschraubens nötig ist).

Ein Kassettenfreilauf kann mit einem 10-mm-Inbusschlüssel herausgeschraubt werden wie in Abbildung 8.15 gezeigt. Falls es sich um einen angeschraubten Freilauf handelt, reinigen und schmieren Sie das Schraubgewinde und schrauben Sie den neuen Freilauf von Hand herein. Wenn es sich um eine Kassette handelt, wird sie durch eine hohle, innenliegende 10-mm-Inbusschraube gehalten, die zugänglich ist, sobald Sie die Radachse entfernt haben.

Kassettenritzel austauschen

1. Bauen Sie das Rad aus und halten Sie es waagerecht mit der Freilaufseite nach oben. Benutzen Sie das Zahnkranzwerkzeug des Freilaufherstellers und einen passenden verstellbaren Schlüssel, um das oberste Teil abzuschrauben (entweder ein separater Ring oder das kleinste Ritzel).
2. Schieben Sie das Ritzel (die Ritzel) vom gezahnten Körper des Freilaufs.
3. Reinigen Sie alle Teile und ersetzen Sie verschlissene oder beschädigte Ritzel.
4. Bauen Sie in umgekehrter Reihenfolge alles wieder zusammen.

Wartung der Kettenschaltung

Die Kettenschaltung besteht aus einem Schaltwerk hinten und einem Umwerfer vorne, die mit Schalthebeln gesteuert werden, die über Schaltzüge mit Schaltwerk und Umwerfer verbunden sind.

Das Schaltwerk hebt die Kette auf eines von sieben bis zehn Ritzeln am hinteren Freilauf, die alle unterschiedlich viele Zähne haben. Der Umwerfer lässt die Kette auf eines von zwei oder drei verschieden großen Kettenblättern vorne klettern.

Die Schalthebel finden sich entweder am Lenker oder am Unterrohr des Rahmens. Rennräder schaltet man in der Regel mit Rasterhebeln, die in die Bremshebel integriert sind. Räder mit geradem Lenker werden mit einem Drehgriff oder Schalthebeln am Lenker geschaltet.

Stellen Sie sich die Kettenschaltung als ein System vor, denn wenn es ein Problem gibt, können eine Reihe von Faktoren vom Umwerfermechanismus über den Schaltzug bis zum Schalthebel die Ursache sein – tatsächlich kann der Fehler sogar bei der Kette, den Ritzeln oder den Kettenblättern liegen.

Über- und Unterschalten beheben

Dies ist das am häufigsten auftretende Kettenschaltungsproblem: Entweder der höchste oder der niedrigste Gang können nicht eingelegt werden (Unterschalten) oder die Kette springt über das kleinste oder größte Ritzel bzw. Kettenblatt hinaus (Überschalten). Dieses Problem betrifft das Schaltwerk ebenso wie den Umwerfer.

Abbildung 9.1: Schwenkbereich des Schaltwerks einstellen. Die Einstellschrauben sind mit „H" (high) für die Schaltwerksbegrenzung am höchsten und „L" (low) für die am niedrigsten Gang gekennzeichnet.

Vorgehen:

1. Finden Sie die beiden kleinen Einstellschrauben, die den Schwenkbereich am Umwerfer und am Schaltwerk begrenzen. Für gewöhnlich ist die eine mit „H" (high) für hoch beschriftet und begrenzt das Vorrücken zum höchsten Gang (nach außen, zum kleinsten Ritzel oder größten Kettenblatt). Die andere ist mit „L" (low) für niedrig markiert und begrenzt das Vorrücken zum niedrigsten Gang (nach innen, zum größten Ritzel oder kleinsten Kettenblatt).

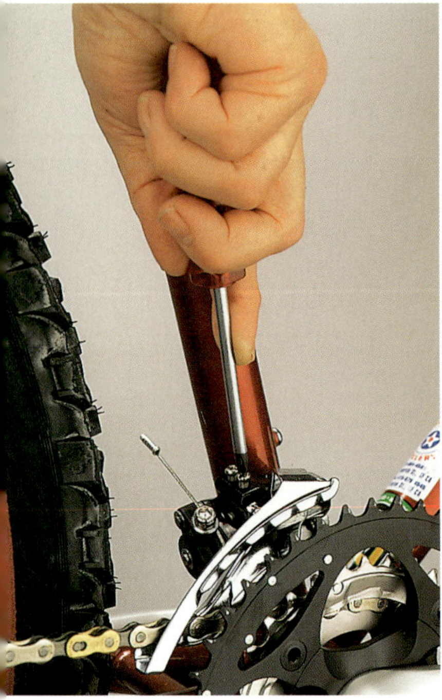

Abbildung 9.2: Einstellen des Schwenkbereichs am Umwerfer.

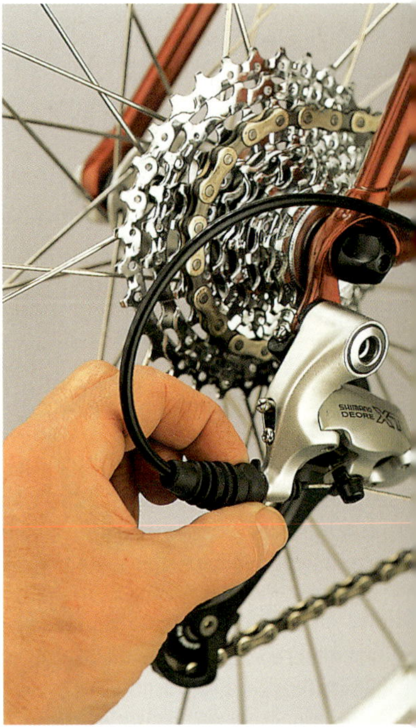

Abbildung 9.3: Einstellen der Gänge am Schaltwerk.

2. Drehen Sie die gewünschte Einstellschraube in Schritten einer halben Umdrehung herein oder heraus:
   - Drehen Sie die H-Schraube herein, um Überschalten am hohen Gang zu beheben, oder heraus, um Unterschalten am hohen Gang auszugleichen.
   - Drehen Sie die L-Schraube herein, um Überschalten am niedrigen Gang zu beheben, oder heraus, um Unterschalten am niedrigen Ende auszugleichen.
3. Heben Sie das Rad vom Boden, drehen Sie die Kurbel und schalten Sie alle Gänge durch. Nehmen Sie dann eventuell noch nötige Feineinstellungen vor.

Umwerfer oder Schaltwerk einstellen

Wenn die Gänge sich nicht richtig einlegen lassen, stellen Sie zunächst sicher, dass die Schaltzüge in gutem Zustand sind (und tauschen Sie sie aus, wenn das nicht der Fall sein sollte). Dann gehen Sie weiter vor wie folgt:

Vorgehen:

1. Schalten Sie in einen mittleren Gang.
2. Suchen Sie dort, wo der Schaltzug in den Umwerfer bzw. das Schaltwerk läuft, die Einstellvorrichtung.
3. Drehen Sie die Einstellvorrichtung in Schritten einer halben Umdrehung heraus und

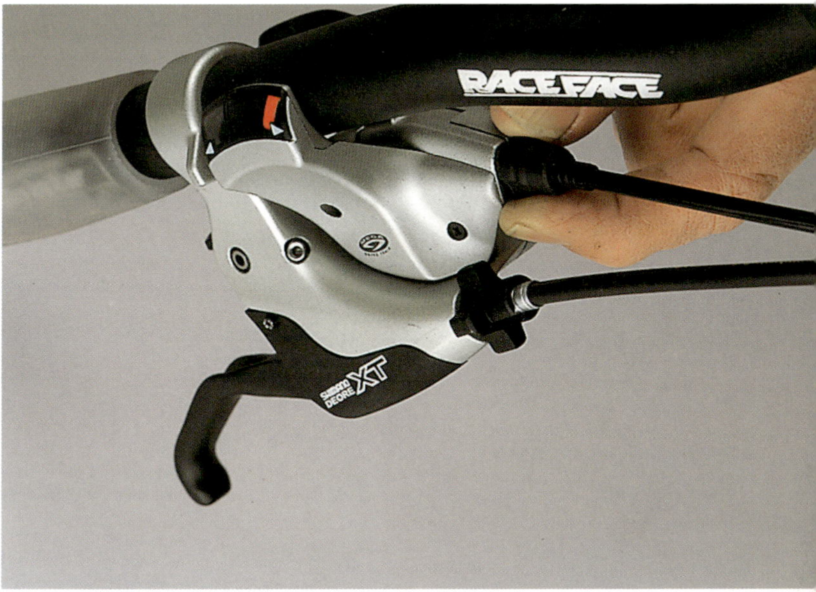

Abbildung 9.4: Einstellen der Gänge am Mountainbike-Schalthebel.

versuchen Sie, den kompletten Übersetzungsbereich durchzuschalten, während Sie mit vom Boden gehobenen Rad die Kurbel drehen. Beobachten Sie, ob sich das Problem verbessert oder verschlimmert.
- Wenn es besser wurde, fahren Sie mit der Einstellung in kleinen Schritten fort, bis der Umwerfer bzw. das Schaltwerk richtig einrastet.
- Wenn es schlimmer wurde, drehen Sie die Einstellvorrichtung in die entgegengesetzte Richtung, bis das Schaltwerk beziehungsweise der Umwerfer richtig einrastet.

4. Falls Sie die Einstellvorrichtung nicht weit genug herein oder herausdrehen können:
   - Benutzen Sie die zusätzliche Einstellvorrichtung am Schalthebel, die es bei Fahrrädern mit geraden Lenkern manchmal gibt.
   - Schalten Sie in den höchsten Gang, d.h. auf das kleinste Ritzel, ziehen Sie den Schaltzug mit einer Spitzzange straff und klemmen Sie ihn neu fest.
5. Wenn Sie den höchsten oder niedrigsten Gang nicht einlegen können oder die Kette über diese Gänge hinaus springt, folgen Sie den Anweisungen unter „Über- und Unterschalten" beheben auf Seite 55.

Hinweis zur Winkeleinstellung:
Am Schaltwerk gibt es in den meisten Fällen in der Nähe der Schaltwerksbefestigung eine Einstellschraube, mit der sich der Grenzwinkel des Schaltwerkkäfigs anpassen lässt. Sie können versuchen, diesen in die eine oder andere Richtung zu verstellen, so dass Sie die Kette und das obere Schaltungsröllchen näher zu den Ritzeln oder weiter davon weg bewegen.

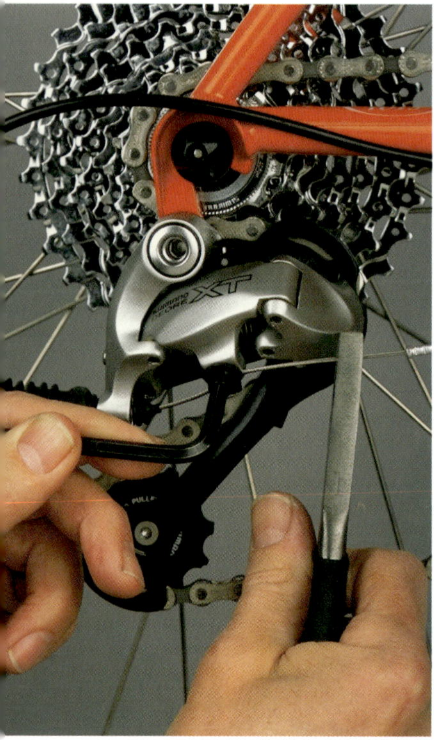

Abbildung 9.5: Einen Schaltzug am Schaltwerk festklemmen.

Schaltzug austauschen

Ersetzen Sie Züge, die sehr schwergängig sind. Korrosion oder Beschädigung können die Ursache sein. Das Vorgehen unterscheidet sich für Umwerfer und Schaltwerk nicht. Falls es sich um eine Index-Schaltung handelt, kaufen Sie einen Zug für diesen speziellen Schaltungstyp an ihrem Fahrrad; falls nicht, stellen sie nur sicher, dass Sie einen Zug mit dem richtigen Nippeltyp haben (schauen Sie am Schalthebel nach Form und Größe des Nippels). Bevor Sie loslegen, schalten Sie in den Gang, der das kleinste Ritzel oder das kleinste Kettenblatt benutzt.

Vorgehen:

1. Lösen Sie die Klemmschraube am Umwerfer / Schaltwerk.
2. Ziehen Sie am Schalthebel die Außenhülle des Zugs ein wenig zurück und schieben Sie den inneren Zug weiter in den Schalthebel hinein, damit der Nippel am Schalthebel weiter herauskommt und genügend Kabel heraussteht, an dem Sie mit ihrer Zange ansetzen können.
3. Ziehen Sie den Kabelzug heraus, zunächst mit der Zange, dann von Hand. Fangen Sie die verschiedenen Abschnitte der Außenhülle am Schalthebel und (falls Sie daran arbeiten) am Schaltwerk auf.
4. Stellen Sie sicher, dass der neue Schaltzug und dessen Hüllenabschnitte vom selben Typ und von derselben Länge wie die Originale sind. Fetten Sie dann den inneren Schaltzug ein.
5. Fädeln Sie den Schaltzug am Schalthebel beginnend durch den Schalthebel, die Abschnitte der Außenhülle, über oder durch etwaige Führungen am Rahmen und durch den Umwerfer bzw. das Schaltwerk selbst.
6. Klemmen Sie das Ende des Zugs provisorisch fest (noch nicht zu fest).
7. Heben Sie das Rad vom Boden, drehen Sie die Kurbel und probieren Sie die Gänge durch. Justieren Sie den Zug (sowohl mit dem Einstellmechanismus als auch mit der Klemmschraube) bis alle Gänge einwandfrei arbeiten – schlagen Sie nach unter „Umwerfer oder Schaltwerk einstellen".

Wartung der Nabenschaltung

Nabenschaltungen kommen hauptsächlich an Alltags- und Falträdern zum Einsatz und bestehen aus einem Getriebe, das in einer speziellen Nabe im Hinterrad untergebracht ist, einem Schalthebel am Lenker und einem Schaltzug. Naben sind mit bis zu 14 verschiedenen Schaltstufen erhältlich.

Abbildung 10.1: Justieren einer Sturmey-Archer-Dreigang-Nabenschaltung.

Geschaltet wird mit einem Hebel oder Drehgriff am Lenker. Ein Schaltzug oder auch mehrere verbinden den Schalthebel mit einem Schaltmechanismus an der Seite der Hinterradnabe.

Die Schaltnabe wird oft mit einer Nabenbremse kombiniert, und deren Wartung wird in Kapitel 12 behandelt. Um solch ein Rad zur Wartung auszubauen, müssen Sie auch den Konterhebel der Bremse und den Bremszug ebenso wie den Schaltzug abbauen – und alles nachher wieder einbauen und einstellen.

Wenn Sie sie neu gekauft haben, sollte den Naben eine Bedienungsanleitung beiliegen, in der beschrieben wird, wie Sie sie einstellen. Wenn Sie so ein Handbuch haben, schlagen Sie dort nach, denn die Anweisungen dort werden besser auf die Marke und das Modell abgestimmt sein, mit dem Sie es zu tun haben. Falls nicht, gebe ich Ihnen hier einige Tipps.

Abbildung 10.2: Einstellen einer Shimano-Nabenschaltung am Schalthebel.

Nabenschaltungsprobleme

Wenn eine Nabenschaltung nicht richtig funktioniert, kann das meistens durch Justieren behoben werden. Falls das jedoch nichts bringt, kann es sein, dass Sie eine der Systemkomponenten austauschen müssen – den Schalthebel, den Schaltzug oder die Nabe selbst. Ihre wichtigste Ansicherung gegen Ärger mit der Nabenschaltung ist es, die Komponenten sauber und leicht geschmiert zu halten.

Fehlfunktionen äußern sich meistens in der Form, dass die Schaltung in einen der Gänge nicht wechseln will, oder auch, dass sie in einem Gang nicht bleibt. Manchmal lässt sich auch keiner der Gänge einlegen.

Als erstes sollten Sie versuchen, die Schaltung zu justieren. Alle Nabenschaltungssysteme haben entweder am Schalthebel oder an der Nabe eine Einstellvorrichtung.

Nabenschaltung einstellen

1. Stellen Sie den Schalthebel auf den höchsten Gang, während Sie bei vom Boden gehobenen Hinterrad mit der Hand die Kurbeln drehen

Abbildung 10.3: „Click Box"-Verbindung beim Schaltzug einer SRAM-Nabenschaltung.

2. Überprüfen Sie den Schaltzug an der Stelle, wo er mit dem Steuermechanismus an der Nabe verbunden ist: In dem eingelegten Gang sollte der Zug gerade schlaff sein, d. h. ohne Spannung. Sobald Sie aber herunterschalten, sollte sich der Zug straffen und die Nabe in den nächsten Gang schalten, wenn Sie den Schalthebel in die nächste Stellung bringen.

3. Wenn das Schalten nicht sauber/optimal funktioniert, drehen Sie die Einstellschraube herein (zum Lösen der Bowdenzugspannung). Arbeiten Sie in halben Umdrehungen und testen Sie, ob sich die Situation verbessert. Wenn nicht, erhöhen Sie die Bowdenzugspannung durch Herausdrehen der Einstellschraube in ähnlichen Schritten.

Hinweis zu SRAM-Naben:
Statt des konventionellen Einstellrings haben diese eine „Click Box" mit einer Federspange, in die der geriffelte Einstellbolzen hineingeschoben und dort festgehalten wird. Einfach zu verbinden, zu trennen und einzustellen: Drücken Sie einfach die Feder, während Sie den geriffelten Bolzen ganz herausziehen, dann schieben Sie den Bolzen hinein, bis die Kabelspannung korrekt ist.

Allgemeiner Hinweis:
Manchmal ist das Zugkettchen, das aus der Nabe herauskommt und meist die Form einer kleinen Kette hat (vor allem an älteren Naben), entweder zu locker oder in solch einem Winkel angebracht, dass es abgeknickt ist. Im ersten Fall lösen Sie die Verbindung mit dem Schaltzug und schrauben Sie das Zugkettchen ein bisschen fester in die Nabe; stellen Sie dann die Verbindung wieder her. Im zweiten Fall: Lösen Sie sie etwas, so dass Sie nicht mehr abgeknickt ist; befestigen Sie dann alles wieder.

Andere Wartungsarbeiten an der Nabenschaltung

Wenn sich das Problem durch die beschriebenen Einstellungen nicht beheben lässt, schauen Sie, ob Sie mit den folgenden Vorschlägen weiterkommen.

Abbildung 10.4: Aufreihen der farbcodierten Ringe auf einer Shimano-7- oder 8-Gang-Nabe.

1. Reinigen Sie zunächst alle Teile und fetten Sie sie leicht – Nabe, Ritzel, Kette, Zugkettchen, Schaltzug und Schalthebel.
2. Prüfen Sie, ob es sich wirklich um eine Fehlfunktion im Schaltsystem selbst handelt: Stellen Sie sicher, dass die Kette die richtige Spannung hat, das Rad richtig sitzt und die Kette richtig auf Kettenblatt und Ritzel läuft.
3. Als nächstes überprüfen Sie, ob der Schaltzug in gutem Zustand ist; befreien Sie ihn, wenn er irgendwo festhängt, schmieren Sie ihn, falls er trocken ist, und tauschen Sie ihn aus, falls er verknickt oder ausgefranst ist.
4. Lösen Sie den Schaltzug und testen Sie, ob der Schalthebel einwandfrei arbeitet, wenn er nicht mit der Nabe verbunden ist. Wenn nicht, schauen Sie, ob Sie ihn wieder flott machen können, oder ersetzen Sie ihn durch einen neuen.
5. Wenn Sie auf diesem Weg das Problem nicht lösen können, ist es Zeit, sich an einen Zweiradmechaniker zu wenden, der sich mit Nabenschaltungen auskennt.

Wartung der Felgenbremse

Die meisten Fahrräder sind mit einer von zwei Versionen der Felgenbremse ausgestattet: Mountainbikes haben meist V-Brakes, Rennräder sind in der Regel mit Seitenzugbremsen ausgerüstet. Ältere Räder können andere Arten von Felgenbremsen haben. Und dann gibt es noch Naben und Scheibenbremsen, die in Kapitel 12 behandelt werden.

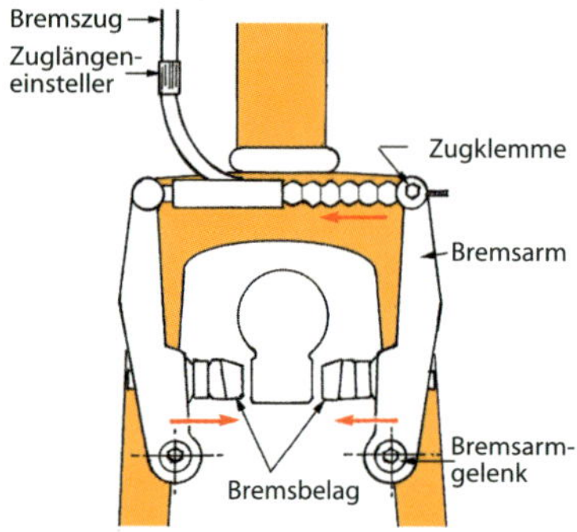

Abbildung 11.1: V-Brake

Allgemeine Merkmale von Felgenbremsen

Es gibt eine Reihe von Punkten, die allen Felgenbremsen gemein sind, und diese sind auch die ersten und grundlegendsten, auf die Sie beim Testen oder Warten Ihrer Bremsen achten müssen.

Alle Felgenbremsen haben zwei Bremsklötze, die nach innen gegen die Seiten der Laufradfelge gedrückt werden. Um diesen Effekt zu erzielen, ziehen Sie einen Hebel am Lenker, der mit der Bremse über einen biegsamen Bremszug verbunden ist.

Justieren kann man entweder an der Stelle, wo der Bremszug den Hebel verlässt, oder dort, wo der Bremszug mit der Bremse verbunden ist. Irgendwo an der Bremsanlage gibt es für gewöhnlich eine Schnellspannvorrichtung oder eine andere einfach zu handhabende Einrichtung, um das innere Seil oder die Umhüllung des Bremszugs auszuhaken.

Die Einstellungen, die am häufigsten vorgenommen werden müssen, sind das Ausrichten der Bremsklötze an der Felge und das Anpassen der Bremszugspannung. Erstere stellt sicher, dass die Bremsklötze gleichmäßig abgenutzt werden und vollständig greifen, wenn die Bremse gezogen wird; letztere entscheidet, wie schnell und kraftvoll die Bremse gezogen werden kann.

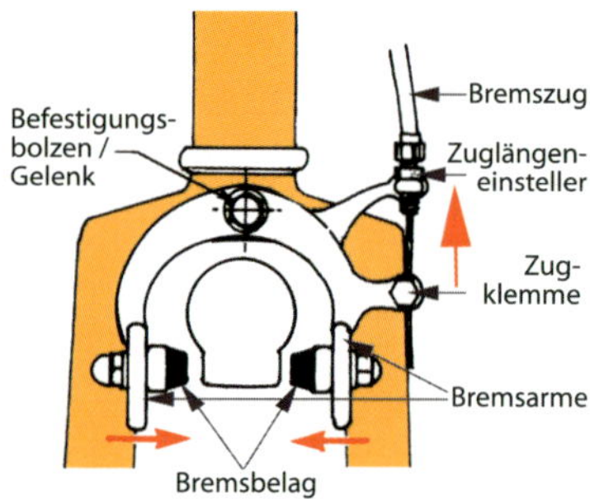

Abbildung 11.2: Seitenzugbremse

Wenn Sie an den Bremsen arbeiten, behandeln Sie sie als vollständiges System, das nicht nur die Bremsen selbst, sondern auch die Hebel, Züge und alle Befestigungen umfasst, durch die die Züge geführt werden. Sogar der Zustand der Felge beeinflusst die Leistung der Bremse.

Bremse einstellen

Wenn die Bremsen unzulänglich arbeiten, kann das wahrscheinlich durch Justieren behoben werden. Die folgenden Abschnitte enthalten Zusammenfassungen der verschiedenen Vorgehensweisen, mit denen Sie die Leistung Ihrer Bremse verbessern. Bevor Sie mit den Einstellungen weitermachen, prüfen Sie den Zustand der Felge und der Bremsklötze. Reinigen Sie sie (die Felge mit Lösungsmittel, die Bremsklötze mit Schmirgelpapier) wenn nötig.

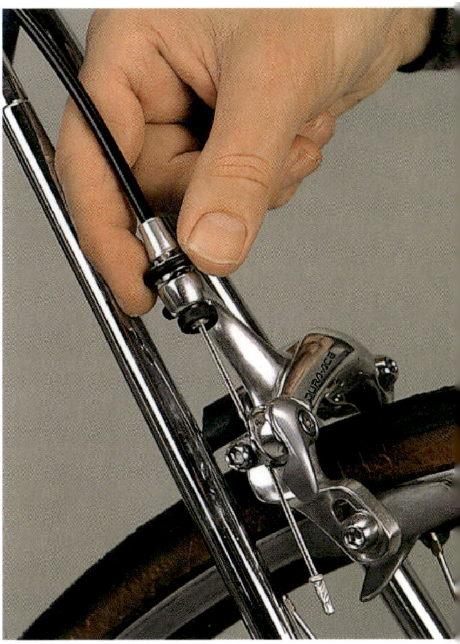

Abbildung 11.3: Justieren einer Seitenzugbremse.

Bremshebel einstellen

Mit der Zeit addieren sich die Abnutzung der Bremsgummis, das Ausleiern der Bremszüge und der Verschleiß der Führungen in den verschiedenen Komponenten und verschieben den Punkt, an dem der Bremshebel die Bremse aktiviert, immer näher zum Lenker, so dass man den Hebel irgendwann nicht mehr kräftig genug ziehen kann. Der Hebel muss neu justiert werden, wenn er bei einem Abstand von 2 Zentimetern vom Lenker nicht mehr ausreichend Bremskraft bringt.

Vorgehen:

1. Finden Sie die Einstellvorrichtung. Bei Rennrädern mit Seitenzugbremsen findet sie sich in der Regel auf dem Bremsarm, an dem die Außenhülle des Bremszugs verankert ist. Bei Mountainbike-Bremsen ist sie meist am Bremshebel, und zwar an der Stelle, wo die Bremszughülle aus dem Hebel kommt. Stellen Sie fest, um welche Art Einstellvorrichtung es sich handelt. Bei den meisten neueren Rennrädern hat sie keine Kontermutter. Bei älteren Rädern kann eine Kontermutter vorhanden sein.
2. Finden Sie auch die Bremszug-Schnellspannung, die sich bei den meisten Rennradbremsen auf dem Bremsarm an der Klemmstelle des Bremszuges befindet. Bei V-Brakes ist es der Metallring, der die Hülle des Zugs zwischen den Bremsarmen führt – drücken Sie die Bremsarme oben zusammen und ruckeln Sie dieses Röhrchen aus der Klammer heraus, die es unten hält. Tun Sie sonst noch nichts.

Abbildung 11.4: Einstellen des Bremszugs an einer Mountainbike-Bremse.

3. Je nach Art der Einstellvorrichtung: - Wenn Sie an einem Fahrrad mit Einstellvorrichtung ohne Kontermutter arbeiten, benutzen Sie zunächst die Schnellspannung, um den Bremszug zu entspannen. Drehen Sie die Einstellvorrichtung dann ungefähr eine Umdrehung heraus (zum Feststellen) oder herein (für den Fall, dass die Bremse später zupacken soll, als sie es bislang tut). Dann stellen Sie die Schnellspannung wieder fest, überprüfen alles und wiederholen die Schritte wenn nötig. - Wenn Sie an einem Fahrrad mit einer Einstellvorrichtung mit Kontermutter arbeiten (gewöhnlich alle Mountainbike-Bremsen und Bremsen an älteren Fahrrädern jeden Typs), machen Sie weiter wie folgt:
4. Lösen Sie die Kontermutter mit mehreren Umdrehungen. Das können Sie meist von Hand, ohne Werkzeug, bewerkstelligen.
5. Drehen Sie die Einstellschraube in Bremshebelkörper hinein (zum Verringern der Bremszugspannung) oder heraus (zum Erhöhen der Bremszugpannung). Verringern der Kabelspannung öffnet die Bremse, Erhöhen der Spannung bewirkt das Gegenteil.
6. Halten Sie die Einstellschraube mit einer Hand, ziehen Sie die Kontermutter wieder fest, dann testen Sie die Funktion und wiederholen den Vorgang wenn nötig.
7. Wenn der Einstellspielraum knapp wird, müssen Sie den Bremszug an einer anderen Stelle neu klemmen. - Entspannen Sie den Bremszug mit dem Schnellspanner (oder haken Sie den Bremszug aus), lösen Sie dann die Einstellschraube so weit wie möglich (nachdem Sie die Kontermutter losgeschraubt haben, sofern es eine gibt). - Lösen Sie die Schraube oder Mutter, die das Ende des Bremszugs an einem der Bremsarme festklemmt (oder, bei Cantilever- oder Mittelzugbremsen, an der Stelle, wo das Hauptkabel endet) um ungefähr eine volle Umdrehung. - Ziehen Sie mit der Spitzzange den Bremszug etwa einen Zentimeter weiter herein und ziehen Sie die Klemmschraube oder -mutter wieder an.
8. Schrauben Sie die Einstellschraube (und die Kontermutter, falls vorhanden) etwa ¼ des Wegs herein, stellen Sie die Schnellspannung fest und testen die Funktion der Bremse – und wiederholen Sie Schritt 6.

Bremsklötze einstellen

Nehmen Sie diese Korrektur vor, wenn Sie beim Bremstest oder einer anderen Inspektion festgestellt haben, dass die Bremsklötze nicht flach und gerade mit etwa ein bis zwei Millimetern Luft zum Reifen auf der Seite der Felge anliegen, wenn der Bremshebel angezogen ist.

Vorgehen:

1. Halten Sie den Bremsklotz mit einer Hand, schrauben Sie die Schraube oder Mutter, die ihn am Bremsarm hält, mit einer Umdrehung auf – gerade genug, um eine kontrollierte Bewegung in die richtige Position zu erlauben.
2. Ziehen Sie den Bremshebel, so dass der Bremsklotz gegen die Felge gedrückt wird, richten Sie währenddessen den Bremsklotz aus und halten Sie ihn dann fest in Position.
3. Halten Sie den Bremsklotz weiter fest, lassen Sie dabei den Bremshebel los (sofern Sie keinen Assistenten haben, der ihn für Sie halten kann) und benutzen Sie die freie Hand, um die Schraube oder Mutter anzuziehen, die den Bremsklotz am Bremsarm hält.
4. Testen Sie, ob beide Bremsklötze nun richtig ausgerichtet sind und nehmen Sie alle nötigen Korrekturen vor, schrauben Sie sie dann wieder fest.

Bremse zentrieren

Diese Arbeit ist erforderlich, wenn ein Bremsklotz die Felge eher als der andere berührt und vor allem, wenn er beim Fahren auf der Felge schleift.

Je nach Art der Bremse müssten Sie einen oder mehrere kleine Madenschrauben

Abbildung 11.5: Einstellen des Bremsklotzes.

finden können, die vertikal von oben oder seitlich in die Bremshalter hineinragen. Testen Sie, was passiert, wenn Sie diese Schrauben anziehen oder lösen. Stellen Sie sie so ein, dass die Bremse symmetrisch arbeitet, wenn möglich. Stellen Sie dann sicher, dass die Bremse auch hinsichtlich der anderen Einstellungen noch richtig funktioniert und führen Sie die nötigen Einstellungen durch.

Wenn eine solche Schraube nicht vorhanden ist oder das gewünschte Ergebnis nicht erzielt werden kann, kann es sein, dass Sie die gesamte Bremse etwas drehen müssen (das ist meist der Fall bei älteren Felgenbremsen). Benutzen Sie dazu entweder einen kleinen, schmalen Schraubenschlüssel, der

Abbildung 11.6: Zentrieren einer Seitenzugbremse mit einer Drehachse.

Abbildung 11.7: Zentrieren einer modernen Seitenzugbremse mit zwei Drehachsen.

bei vielen Seitenzugbremsen auf die beiden flachen Flächen des Befestigungsbolzens passt. Oder lösen Sie den Befestigungsbolzen, richten Sie die gesamte Bremse neu aus, halten Sie sie fest und ziehen Sie dabei kräftig am Bremshebel; dann ziehen Sie den Befestigungsbolzen wieder fest.

Bei V-Brakes und Cantileverbremsen kann ungleichmäßige Ausrichtung der Bremsschenkel zu einer Seite ihre Ursache in ungleicher Spannung der Rückholfedern haben. Um dies zu korrigieren, können die Bremsschenkel demontiert und eine oder beide der Haken der Rückholfedern in unterschiedliche Bohrungen des Bremssockels eingesteckt werden – oder benutzen Sie eine Zange, um eine der Federn stärker zu spannen. Bauen Sie Bremsarme wieder an, testen Sie die Funktion der Bremsen und nehmen Sie alle anderen nötigen Einstellungen vor.

Quietschen und Rubbeln der Bremse

Manchmal machen die Bremsen Lärm, wenn man Sie benutzt. Sie können entweder quietschende oder rubbelnde Geräusche machen. Bevor Sie irgendetwas zu justieren versuchen, überprüfen Sie erneut, ob Felge und Bremsklötze sauber sind. Und so stellen Sie diese Geräusche ab:

Vorgehen bei quietschenden Bremsen:
Normalerweise reicht es, die Bremse zu justieren, um diese Geräusche abzustellen. Richten Sie die Bremsklötze so aus, dass der vordere Teil die Felge berührt, wenn der hintere noch 2 mm Luft zur Felge hat. Diesen Zustand nennt man „toed in". Wenn das nichts bringt, versuchen Sie es anders herum, so dass der hintere Teil die Felge zuerst berührt.

Vorgehen bei rubbelnden Bremsen:
Wenn die Reinigung von Felge und Bremsklotz das Problem nicht gelöst hat, liegt es in der Regel daran, dass etwas lose ist und festgezogen werden sollte. Nehmen Sie zunächst einmal an, dass es sich um die Bremse selbst handelt. Prüfen Sie die Befestigungsbolzen und die einzelnen Bremsarme sowie alle zugehörigen Lagerpunkte. Manchmal kommt das Geräusch aber auch von einem anderen losen Teil des Fahrrads – typischerweise dem Steuersatz (siehe Kapitel 13).

Bremszug austauschen

Wenn das Anziehen der Bremsen trotz schwacher Bremsleistung übermäßig viel Kraft zu erfordern scheint, liegt das Problem wahrscheinlich am Bremszug. Er kann verknickt, schmutzig oder korrodiert sein, oder einzelne Drähte können gerissen sein. Sehen Sie den

Abbildung 11.8. Klemmung des Bremszuges an einer V-Brake.

Zug auf mögliche Zeichen von Beschädigung hin durch. Tauschen Sie ihn aus, wenn Säubern und Fetten das Problem nicht verbessern. Kaufen Sie einen Ersatzzug, der mindestens genau so lang ist wie das Original, und stellen Sie sicher, dass er denselben Nippeltyp hat. Zusätzlich zu den normalen Werkzeugen benutzen Sie am besten auch einen Seitenschneider (oder bitten Sie den Händler, den Zug passend zu schneiden).

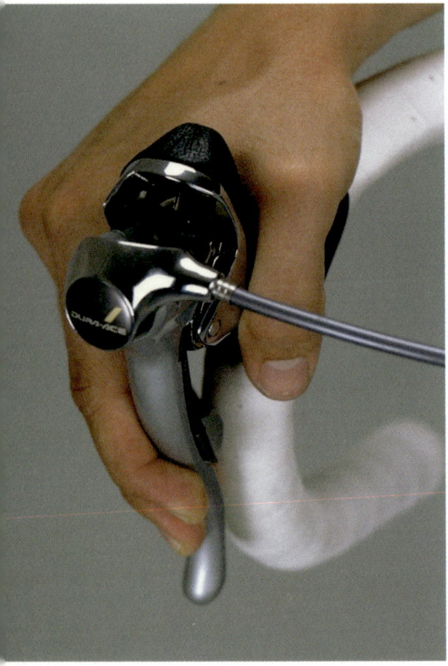

Abbildung 11.9: Ziehen des Hebels legt die Stelle frei, an der bei einem Rennrad der Nippel des Bremszugs eingehängt wird.

Vorgehen:

1. Lösen Sie die Schraube oder Mutter, mit der der Bremszug an der Bremse festgeklemmt ist.
2. Um den Bremszug zu lösen, ziehen Sie den Bremshebel an und lassen Sie ihn wieder los, während Sie den Bremszug festhalten. Bei Aero-Bremshebeln (mit versteckten Zügen) nehmen Sie die Spitzzange, um das Ende des Zugs nahe dem Nippel im Bremshebel zu greifen, ziehen Sie genügend Kabel heraus, um es mit der Hand greifen zu können, und ziehen dann den Rest des Zuges heraus. Heben Sie auch alle Abschnitte der Außenhülle des Zuges auf sowie alle Endhülsen von den Verankerungspunkten der Hülle.
   - Bei Mountainbike-Bremshebeln kann der Bremszug für gewöhnlich leicht herausgenommen werden, sobald Sie die Einstellschraube und die Kontermutter so ausrichten, dass ihre Schlitze sich mit der Nut des Bremshebels decken.
   - Falls an einem Rennrad ein unter dem Lenkerband liegender Teil der Zughülle einen Knick zu haben scheint, entfernen Sie das Lenkerband, ersetzen Sie dieses Stück der Bremszughülle und umwickeln Sie den Lenker neu.
3. Tragen Sie auf den neuen Bremsinnenzug etwas Schmiermittel auf (Wachs oder Fett auf einem Lappen), bevor Sie ihn einbauen.
4. Drücken Sie den Bremshebel herunter und finden Sie die Stelle, an der der Nippel des Bremszugs gehalten wird. Fädeln Sie das Kabel dann hindurch (dazu müssen Sie am Innenleben des Hebels an der Stelle, wo der Nippel gehalten wird, vielleicht etwas wackeln und drehen).
   - Bei Mountainbike-Bremshebeln kann der Bremszug für gewöhnlich am Hebel installiert werden, indem Sie Einstellschraube und Kontermutter so ausrichten, dass ihre Schlitze sich mit der Nut des Bremshebels decken.
5. Fädeln Sie den Innenzug durch die verschiedenen Teile der Außenhülle und die Zughalterungen (stellen Sie sicher, dass Sie alle Endhülsen an den Stellen, wo die Außenhülle an den Halterungen, an der Bremse und am Hebel endet, wieder anbringen).
6. Klemmen Sie das Ende des Innenzugs am Endpunkt an der Bremse ein, während Sie es mit der Zange stramm ziehen.

Abbildung 11.10: Bremszug an einem Mountainbike-Bremshebel austauschen.

7. Nehmen Sie eine provisorische Einstellung der Bremsspannung vor, testen Sie dann die Funktion der Bremse und nehmen Sie die endgültigen Einstellungen vor.

Hydraulische Felgenbremsen

Obwohl sie zu selten vorkommen, um sie hier im Detail zu besprechen, sollten hydraulische Felgenbremsen hier dennoch zumindest erwähnt werden. Weil die Hydraulik jedoch bei Scheibenbremsen viel verbreiteter ist als bei Felgenbremsen, wird die Wartung hydraulischer Systeme in Kapitel 12 beschrieben.

Abbildung 11.11: Hydraulische Felgenbremse.

Wartung anderer Bremsen

Manche Bremsen wirken nicht an der Felge, sondern im Mittelpunkt des Laufrades. Scheibenbremsen, Rücktrittbremsen, Trommelbremsen und Rollenbremsen fallen in diese Kategorie. Ihre Wartung wird in diesem Kapitel behandelt.

Abbildung 12.1: Typische aktuelle Rollenbremse für die Hinterradnabe.

Sie lernen die allgemeinen Einstellungen kennen, die Sie vornehmen können, wenn eine Bremse dieser Bauart schlecht funktioniert. Wenn Justieren nicht hilft, ist es an der Zeit, das Rad in eine Werkstatt zu bringen und die Bremsen überholen oder ersetzen zu lassen.

Allen diesen Bremsen ist gemein, dass Sie mit einer an der Nabe angebauten Reibungsvorrichtung die Rotation des Rades verzögern und ein feststehender Teil an Fahrradrahmen oder -gabel befestigt ist.

Bremsen einstellen

Mit Ausnahme der Rücktrittbremse können alle Bremsen der hier genannten Typen mittels einer Vorrichtung justiert werden, die der an Felgenbremsen ähnlich ist. Daher verweise ich Sie auf die diesbezüglichen Schritte in der Beschreibung Bremsen einstellen in Kap. 11.

Abbildung 12.2: Scheibenbremse und ihre Befestigung an der Gabel.

Bremszüge und –hebel warten

Auch dieser Vorgang ist dem in Kapitel 11 für Felgenbremsen beschriebenen ähnlich, sowohl was die Bremszüge als auch was die Bremshebel angeht. Schlagen Sie die nötigen Arbeitsschritte dort nach.

Befestigungsprobleme

Der feststehende Teil von Scheibenbremsen ist direkt an die Gabel beziehungsweise den Rahmen geschraubt. Alle anderen Nabenbremsen haben einen Bremsmomenthebel, der fest an der linken Kettenstrebe oder der linken Gabelscheide befestigt sein muss. Prüfen Sie die Befestigungsschraube(n) von Zeit zu Zeit und ziehen Sie sie wenn nötig fest.

Dieses Bauteil gehört darüber hinaus zu denen, die gelöst werden müssen, wenn man das Rad ausbauen will – und wieder befestigt, wenn man das Rad wieder einbaut. Wenn es nicht direkt mit einer angeschweißten Platte am Rahmen oder an der Gabel verschraubt ist, sollten Sie sich vergewissern, dass die Halterung richtig sitzt – wenn sie nicht richtig festgezogen werden kann, wickeln Sie dort, wo die Halterung sitzt, etwas um das Rohr, so dass das Spiel verschwindet. Zu diesem Zweck können Sie einen Streifen aus einem alten Reifenschlauch herausschneiden.

Wenn eine Trommelbremse nachträglich an ein nicht dafür ausgelegtes Fahrrad gebaut wird, kann die Kraft des Bremsmomenthebels das Rahmenrohr oder Gabelbein verbiegen. Vergewissern Sie sich, dass Ihre Nabenbremse Gabel oder Kettenstreben nicht verbiegt – und lassen Sie die Werkstatt sich darum kümmern.

Scheibenbremsen warten

Zunächst wurden Scheibenbremsen nur bei Downhill-Mountainbikes verwendet. Nun sind sie aber auf dem Vormarsch in alltäglichere Einsatzgebiete. Dieser Abschnitt behandelt grundlegende Wartungsarbeiten für Scheibenbremsen sowie die ihre hydraulische Funktionsweise betreffenden Punkte.

Abbildung 12.3: Detail des Bremsmomenthebels einer Hinterradnabenbremse.

Probleme mit der Bremsscheibe

Die Bremsscheibe ist an den (Spezial-)Naben in der Regel mit flachköpfigen Inbusschrauben oder Torx-Schrauben (ähnlich wie Inbusschrauben, aber mit einem sternförmigen Ausschnitt anstelle eines sechseckigen) befestigt. Benutzen Sie einen passenden Inbus- oder Torx-Schlüssel, um sicher zu sein, dass Sie sie richtig anziehen.

Halten Sie Hydraulikflüssigkeit und andere Öle von der Bremsscheibe fern und entfernen Sie Rückstände von Öl, Schmutz oder Bremsbelägen mit Reinigungsalkohol. Wenn die Bremsscheibe an den Bremsbacken schleift, können Sie das nicht korrigieren, indem Sie die Bremsscheibe bearbeiten, sondern nur, indem Sie die Bremsbacken ein wenig herein oder heraus bewegen (siehe unten).

Abbildung 12.4: Anziehen der Schrauben, mit denen die Bremsscheibe einer Scheibenbremse am Laufrad befestigt ist.

Bremsbacken warten

Die Bremsbacken sind an Standardnocken befestigt, die ihrerseits wiederum am Rahmen am hinteren Ausfallende und am hinteren Teil der Gabel befestigt sind. Sie werden gehalten von 6-mm-Inbusschrauben, und diese müssen ebenfalls stets fest angezogen sein.

Ziehen Sie den Bremshebel niemals, wenn das Rad (mit der Bremsscheibe) aus dem Fahrrad ausgebaut ist. Das würde dazu führen, dass die Bremsklötze aneinander haften, und sie lassen sich nur schwer wieder trennen. Um das zu verhindern, setzen Sie zwischen den Bremsklötzen die Schutzplatte ein, die mit der Bremseinheit mitgeliefert wurde.

Die Scheibe sollte genau in der Mitte zwischen den Bremsklötzen laufen. Drehen Sie die Stellschrauben auf beiden Seiten der Bremsbacken hinein oder heraus, um den Sitz der Bremsklötze anzupassen.

Drehen Sie die Bremsklotzeinstellschraube (die Sie von der Seite aus erreichen) herein, um die Bremsklötze zu justieren, falls dies nötig ist. Säubern Sie die Bremsbeläge zweimal im Jahr oder immer, wenn die Bremsen quietschen, mit einem Stück Schmirgelpapier.

Hinweis: Grundsätzlich sind die Herstellerangaben zu Anzugsdrehmomenten von Schrauben zu beachten

Hydrauliksystem warten

Dieser Hinweis bezieht sich auf alle hydraulischen Bremsen – ob Scheiben- oder Felgenbremsen. Wenn sich die Bremsen schwammig anfühlen, müssen Sie das System entlüften, also hineingeratene Luftblasen entweichen lassen. Von Zeit zu Zeit sollten Sie alles Öl ablassen und von Zeit zu Zeit durch neues Öl ersetzen. Das ist eine Aufgabe, die Sie am besten der Fahrradwerkstatt überlassen.

Wartung der Lenkung

Zur Lenkung gehören Lenker, Lenkervorbau, Gabel und Steuersatz. Je nachdem, ob das Fahrrad mit einer Federgabel ausgerüstet ist oder nicht, wird die Gabel in Kapitel 14 oder 16 behandelt.

Lenker

Der Lenker ist mit der Gabel über den Lenkervorbau verbunden, dessen eines Ende im Gabelschaftrohr steckt und dessen anderes Ende um die Mitte des Lenkers greift.

Es gibt Rennlenker (an Rennrädern im Einsatz) und flache Lenker (an allen anderen Rädern). Rennlenker werden mit Lenkerband umwickelt, an flachen Lenkern werden Griffe benutzt.

Die Befestigung, mit der der Lenkervorbau den Lenker umgreift, wird von ein bis zwei Inbusschrauben gehalten. Wie der Lenkervorbau am Gabelschaftrohr befestigt ist, hängt vom verwendeten Steuersatz ab:

- An Fahrrädern mit einem konventionell geschraubten Steuersatz wird der Lenkervorbau mit einem Keil (oder manchmal einem konischen Teil) im Gabelschaftrohr gehalten, der wiederum mit einer Spannschraube befestigt ist, die vom oberen Teil des Lenkervorbaus aus erreicht werden kann.
- An Fahrrädern mit einem Steuersatz ohne Gewinde wird der Lenkervorbau auf eine Verlängerung des Gabelschaftrohrs geklemmt, die über dem oberen Steuersatz heraussteht.

Abbildung 13.1: Die Lenkung.

Lenkerhöhe einstellen

Die einfachste aller Lenkereinstellungen lässt sich nur an Fahrrädern mit konventionell geschraubtem Steuersatz vornehmen (an Fahrrädern mit einem gewindelosen Steuersatz ist die einzige Möglichkeit, den Lenker höher oder niedriger zu stellen, der Einbau eines anderen Lenkervorbaus).

Vorgehen:

1. Klemmen Sie das Vorderrad zwischen Ihre Beine und lösen Sie die Spannschraube oben am Lenkervorbau um etwa fünf Umdrehungen.

Abbildung 13.2: Lenkerhöhe an einem Fahrrad mit geschraubtem Steuersatz einstellen.

Abbildung 13.3: Klemmen Sie das Vorderrad ein, während Sie an der Lenkung arbeiten.

2. Schlagen Sie mit einem Schlägel (oder Hammer, schützen Sie dann aber die Schraube mit einem Holzblock) auf die Schraube, um den Keil innen im Lenkervorbau zu lösen – die Schraube wird herunterfallen und den Lenkervorbau lockern.
3. Stellen Sie den Lenker wie gewünscht höher oder niedriger und halten Sie ihn fest.
4. Vergewissern Sie sich, dass die Markierung, die den maximalen Auszug des Lenkervorbaus anzeigt, nicht über dem Steuersatz zu sehen ist.
5. Während Sie den Lenker in der gewünschten Höhe und gerade halten (und das Vorderrad weiter zwischen Ihre Beine klemmen), ziehen Sie die Schraube oben am Lenkervorbau fest an.

Hinweis:

Mindesten 6,5 Zentimeter des Lenkervorbaus müssen im Rohr verbleiben. Meist ist der Lenkervorbau entsprechend markiert, falls er das nicht ist, beachten Sie zu Ihrer Sicherheit dieses Minimum.

Lenkerwinkel einstellen

Besonders bei Rennlenkern können Sie den Lenker bequemer drehen, wenn Sie dessen Winkel richtig angepasst haben.

Vorgehen:

1. Lösen Sie dort, wo der Lenkervorbau um den Lenker greift, die Klemmschraube(n) um ungefähr eine Umdrehung.
2. Drehen Sie den Lenker in die gewünschte Richtung. Achten Sie darauf, dass er mittig im Lenkervorbau bleibt.
3. Ziehen Sie die Klemmschraube(n) des Lenkervorbaus wieder fest, während Sie den Lenker in der gewünschten Ausrichtung halten.

Griffe entfernen

Bauen Sie die Griffe ab, wenn die alten Griffe (an Fahrrädern mit flachem Lenker) nicht mehr bequem sind – oder wenn Sie den Brems- oder Gangschaltungshebel, die Griffe oder den Lenkervorbau ersetzen müssen.

Vorgehen:

1. Entfernen Sie die alten Griffe, indem Sie sie ziehen und drehen – wenn sie nicht leicht abgehen, drücken Sie mit dem Schraubenzieher unter den alten Griff und geben Sie etwas Spülmittel zwischen den Griff und den Lenker. Wenn auch das versagt, schneiden Sie den Griff der Länge nach auf und schälen Sie ihn ab.
2. Schieben Sie die neuen Lenkergriffe auf die Lenkerenden. Wenn das nicht leicht geht, tränken Sie sie zuerst in warmem Wasser. Damit Sie besser halten, können Sie die Innenseite der Griffe kurz vor der Montage mit etwas Haarspray besprühen.

Abbildung 13.4: Lösen der Schrauben, die bei gewindelosem Steuersatz den Lenkervorbau halten.

Lenkerhörnchen

Lenkerhörnchen oder Barends sind nach vorne zeigende Erweiterungen, die man an den Enden flacher Mountainbike-Lenker anbringen kann, um dem Fahrer eine zusätzliche Möglichkeit für die Hand- und Körperhaltung zu bieten. Sie werden auf die Enden des Lenkers geklemmt. Hier einige Hinweise:

- Wenn sie gerade herausstehen, können Barends bei einem Sturz gefährlich werden. Schützen Sie die Enden der Hörnchen deshalb mit einer abgerundeten Kappe.

- Ziehen Sie die Befestigungsschrauben einmal im Monat fest.
- Richten Sie die Barends so aus, dass sie nach vorne und 15 bis 30 Grad nach oben zeigen. Um den Winkel zu verändern, lösen Sie die Klemmschrauben, drehen Sie die Hörnchen und ziehen Sie die Schrauben wieder fest.

Der Steuersatz

Der Steuersatz besteht aus einem oberen und einen unteren Satz Kugellager, die jeweils oben beziehungsweise unten im Steuerrohr des Rahmens eingebaut sind. Zwei verschiedene Steuersatzarten sind in modernen Fahrrädern gebräuchlich:

- Das konventionelle Lager hat eine mit einem Schraubgewinde versehene, verstellbare Lagerschale, die auf das Gabelschaftrohr geschraubt ist.
- Der gewindelose Steuersatz, der vom oberen Ende des Lenkervorbaus aus eingestellt wird.

Ein Vergleich der Bilder wird Ihnen helfen, den an Ihrem Fahrrad verwendeten Typ zu bestimmen.

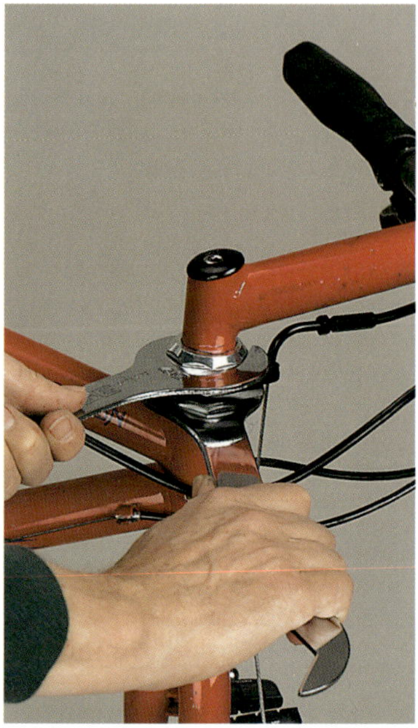

Abbildung 13.5: Steuersatz mit Gewinde einstellen.

Gewindesteuersatz einstellen

Wenn die Lager zu fest oder zu locker sind, versuchen Sie als erstes, sie zu justieren. Wenn das das Problem nicht löst, werden Sie mit den Anweisungen für die Überholung oder sogar den Austausch des Steuersatzes weitermachen müssen.

Vorgehen:

1. Lösen Sie die Sicherungsmutter oben am oberen Steuerlager um ungefähr eine Umdrehung. Wenn die Sicherungsmutter mit einer Madenschraube gehalten wird, lösen Sie sie, bevor Sie versuchen, die Sicherungsmutter zu lockern.
2. Heben Sie die Nasenscheibe an, die unter der Sicherungsmutter liegt, um die verstellbare Lagerschale drehen zu können.
3. Drehen Sie die verstellbare Lagerschale in Schritten einer 1/8-Umdrehung (im Uhrzeigersinn, um sie fester zu stellen, gegen den Uhrzeigersinn, um sie zu lösen), bis sie sich gerade eben lose anfühlt (dieses Spiel wird eliminiert, wenn die Sicherungsmutter heruntergeschraubt wird).
4. Schrauben Sie die Sicherungsmutter vollständig fest, während Sie die verstellbare Lagerschale mit einem weiteren Schlüssel fest halten.

Abbildung 13.6: Gewindelosen Steuersatz einstellen.

5. Vergewissern Sie sich, dass das Lager nun richtig justiert ist, oder nehmen Sie wenn nötig weitere Feineinstellungen vor. Ziehen Sie dann die Kontermutter fest an. Wenn es eine Madenschraube gibt, ziehen Sie sie fest.

Gewindelosen Steuersatz einstellen

Der gewindelose Steuersatz bleibt meist länger richtig justiert, aber es kann dennoch von Zeit zu Zeit vorkommen, dass er eingestellt werden muss.

Vorgehen:

1. Lösen Sie die Klemmschrauben, mit denen der Lenkervorbau auf dem Gabelschaftrohr befestigt ist, um je etwa eine Umdrehung.
2. Drehen Sie die Inbusschraube oben auf dem Lenkervorbau fester oder lockerer. Ziehen Sie sie an, indem Sie die Schraube im Uhrzeigersinn drehen, lösen Sie sie, indem Sie sie gegen den Uhrzeigersinn drehen.
3. Wenn sich die Einstellung richtig anfühlt, ziehen Sie die Klemmschrauben des Lenkervorbaus fest und vergewissern Sie sich dabei, dass der Lenker gerade ist.

Wartung von Rahmen und Gabel

Abbildung 14.1: Rahmen und Gabel. Die beiden Hauptteile sind durch den Steuersatz verbunden (durch einen Gewindesteuersatz im Fall des abgebildeten handgebauten Touren-Rahmens).

Zum Rahmen gehören der Rahmen selbst sowie die Gabel. Die Beschädigungen, die diese Teile aller Wahrscheinlichkeit nach erleiden können, sind entweder so geringfügig, dass sie keine große Rolle spielen (zum Beispiel verkratzter Lack) oder so tiefgreifend, dass sie nicht repariert werden können, sondern den kompletten Austausch verlangen. Deshalb erläutert dieses Kapitel eher, wie man Schäden feststellt, als wie man sie tatsächlich repariert. Eins können Sie jedoch tun – zumindest bei Rahmen aus Stahl oder geschweißtem Aluminium: beschädigten Lack ausbessern, was hier beschrieben wird.

Rahmen inspizieren

Wenn das Fahrrad einen Sturz oder Zusammenstoß erlitten hat, sehen Sie es gründlich durch. Sollte es Anzeichen von Beulen, Stauchungen oder Rissen aufweisen, fragen Sie in einer Fahrradwerkstatt um Rat.

Die bedeutsamsten Teile, nach denen Sie genau schauen sollten, sind die Gabel und der Bereich des Unterrohrs direkt hinter dem unteren Steuersatz. Wenn Sie dort Wölbungen oder Risse sehen, halten Sie Rücksprache mit der Werkstatt. Wenn dort keine Beschädigung offensichtlich ist, prüfen Sie Rahmen und Gabel mit den folgenden Vorgehensweisen auf Schäden.

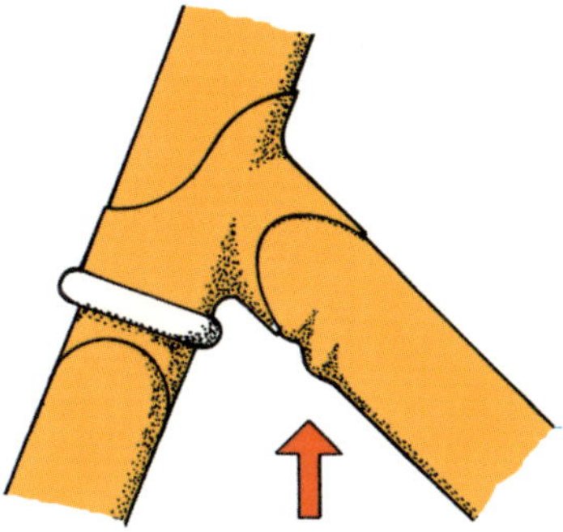

Abbildung 14.2: Typischer Schaden am Unterrohr, verursacht durch einen Zusammenstoß.

Gabel inspizieren

Was hier von Bedeutung ist, ist die Ausrichtung der beiden Gabelscheiden zu einander und zum Steuerrohr. Bei einer normalen Gabel können Sie die korrekte Ausrichtung normalerweise mit bloßem Auge überprüfen.

Vorgehen:

1. Legen Sie die Gabel flach auf eine ebene Fläche und stützen Sie sie am Gabelkopf und am oberen geraden Teil der Gabelscheiden.
2. Vergleichen Sie den Abstand zwischen der Unterlage und den Gabelenden. Wenn er unterschiedlich ist, stehen die Gabelenden falsch.
3. Schauen Sie, ob die imaginäre Linie, die durch die Mitte des Steuerrohrs führt, auch durch die Mitte des oberen geraden Teils der Gabelscheiden führt. Wenn nicht, stehen Gabelscheiden und Steuerrohr nicht korrekt zueinander.
4. Wenn Sie festgestellt haben, dass die Ausrichtung nicht passt, gehen Sie zu Ihrer Fahrradwerkstatt und holen sich Rat, was zu tun ist.

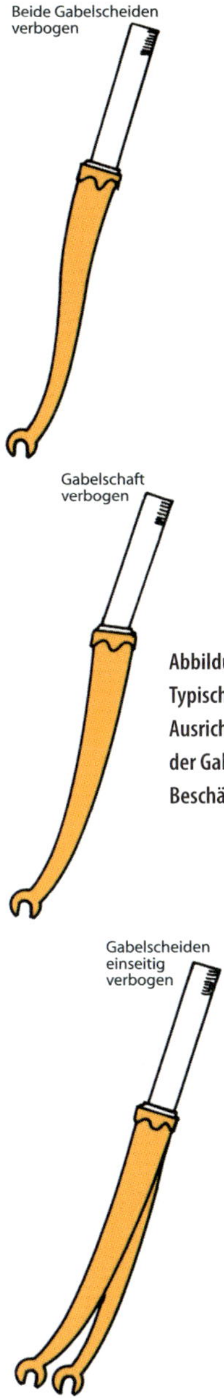

Abbildung 14.3: Typische falsche Ausrichtungen an der Gabel nach Beschädigung.

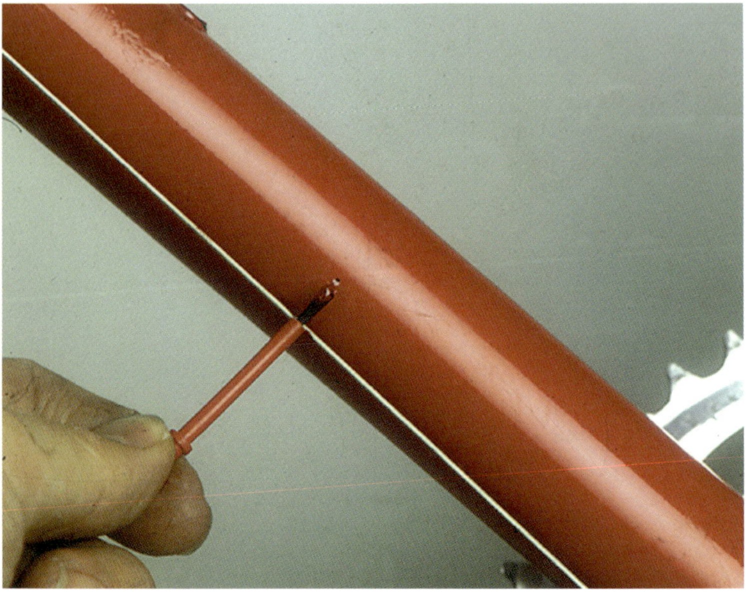

Abbildung 14.4: Lack ausbessern.

Lack ausbessern

Wenn der Lack an einem normal lackierten, gelöteten oder geschweißten Metallrahmen beziehungsweise einer Gabel abgesplittert ist, können Sie ihn ausbessern, um Rost vorzubeugen und die Optik des Rades zu erhalten. Bei Rahmen aus Karbonfaser oder Rahmen mit geklebten Verbindungen sollten Sie es nicht tun, denn das Lösungsmittel, das Sie zur Vorbereitung oder beim eigentlichen Lackieren benutzen, könnte das Epoxydharz schwächen und eventuell die Garantie beeinträchtigen. Sie brauchen passenden Lack, einen kleinen Pinsel, Verdünnung, feines Schleifpapier und einen sauberen, trockenen Lappen.

Vorgehen:

1. Säubern Sie die schadhafte Stelle und den angrenzenden Bereich gründlich.
2. Entfernen Sie mit Schmirgelpapier oder einem winzigen Stück Stahlwolle Korrosion, Schmutz und Lackreste, bis Sie an der schadhaften Stelle die blanke, glänzende Metalloberfläche freigelegt haben.
3. Reinigen Sie die neu zu lackierende Stelle erneut mit einem in Verdünnung getränkten Lappen und reiben Sie sie trocken.
4. Schütteln Sie den Lack gründlich, um ihn gut zu mischen.
5. Tauchen Sie den kleinen Pinsel nur leicht in den Lack und tragen Sie den Lack ausschließlich auf die beschädigte Stelle auf.
6. Lassen Sie ihn für mindestens 24 Stunden trocknen und wiederholen Sie die Schritte 4 und 5 wenn nötig.

Wartung von Sattel und Sattelstütze

Der Sattel ist mit einer röhrenförmigen Sattelstütze auf dem Fahrrad befestigt, die in der Sattelmuffe oben auf dem Sitzrohr sitzt. Die Sattelmuffe schließt sich um die Sattelstütze und wird entweder mit einer Schraube oder einem Schnellspanner festgestellt. Wenn Ihr Fahrrad eine gefederte Sattelstütze hat, lesen Sie dazu mehr in Kapitel 16.

Abbildung 15.1: Sattel und Sattelstütze.

Abbildung 15.2: Sattelhöhe einstellen.

Sattelhöhe anpassen

Wenn Sie herausgefunden haben, wie hoch Sie den Sattel haben wollen, erfahren Sie nun, wie Sie ihn in diese Position bringen.

Vorgehen:

1. Je nach Art der Sattelbefestigung:
   • Bei einem Fahrrad mit einer normal geschraubten Befestigung lösen Sie die Schraube um zwei bis drei Umdrehungen.
   • Bei einem Fahrrad mit Schnellspanner legen Sie den Schnellspannhebel um, so dass er in der Position „offen" steht.
2. Versuchen Sie die Sattelstütze durch leichtes Drehen nach oben oder unten zu bewegen, benutzen Sie den Sattel als Hebel und halten Sie den Rahmen des Fahrrades fest. Wenn sich nichts rührt, spritzen Sie etwas Öl in den Schlitz der Sattelmuffe. Warten Sie zwei bis drei Minuten und versuchen Sie es noch einmal.
3. Bewegen Sie sie zu genau der Stelle, wo Sie sie haben wollen, vergewissern Sie sich aber, dass die Markierung, die die minimale Einschubtiefe anzeigt, nicht freigelegt ist. (Falls das doch der Fall ist, wird es gefährlich, so zu fahren, und Sie brauchen entweder eine längere Sattelstütze oder einen größeren Rahmen).

Abbildung 15.3: Sattelneigung an einer Patentsattelstütze einstellen.

4. Halten Sie den Sattel gerade auf der richtigen Höhe, ziehen Sie die Schraube oder denn Schnellspanner wieder fest. Wenn der Schnellspanner nicht richtig fixiert werden kann, stellen Sie ihn wieder auf „offen", justieren Sie die Klemmmutter und versuchen Sie es noch einmal.
5. Überprüfen Sie, ob die Höhe richtig ist. Falls nicht, nehmen Sie weitere Feineinstellungen vor.

Hinweis:

1. Es kann sein, dass Sie nun die Neigung und die horizontale Position anpassen müssen wie weiter unten beschrieben.
2. Mindestens 6,5 Zentimeter der Sattelstütze müssen im Rahmenrohr stecken bleiben. An den meisten Sattelstützen ist die minimale, sichere Einschublänge markiert.

Neigung und horizontale Position einstellen

Diese Einstellungen werden an einer oder mehreren Schrauben vorgenommen, mit denen das Sattelgestell an der Sattelstütze befestigt ist, und die von der Unterseite des Sattels her zugänglich sind.

Vorgehen:

1. Stellen Sie fest, wo die benötigten Schrauben sitzen; meist sind sie von unten her leicht zugänglich, aber bei älteren Sätteln kann es etwas schwierig sein, an sie zu gelangen (zwischen Satteldecke und -gestell). Bei günstigen Fahrrädern gibt es auf jeder Seite des Sattelgestells (oder der flachen Schienen, die bei solchen Sätteln oft vorkommen) eine Mutter.

Abbildung 15.4: Kerzensattelstütze an einem günstigen Fahrrad.

2. Lösen Sie die Schraube(n) – meist gibt es zwei – um etwa drei Umdrehungen.
3. Schieben Sie den Sattel auf den Streben nach vorn oder nach hinten (stellen Sie sicher, dass die Klemmvorrichtung dabei auf dem Gestell bleibt) und halten Sie ihn an der gewünschten Position im gewünschten Winkel fest.
4. Während Sie den Sattel fest halten, ziehen Sie die Schrauben an – Schritt für Schritt und beide abwechselnd, wenn es zwei gibt.
5. Stellen Sie sicher, dass die Sattelposition richtig ist, und nehmen Sie wenn nötig die Feinabstimmung vor.

Abbildung 15.5: Ledersattel nachspannen.

Pflege von Ledersätteln

Die dicken Sättel aus Kernleder, die an manchen teuren Fahrrädern zu finden sind, können mit der Zeit ausleiern, vor allem, wenn sie nass werden. Halten Sie sie trocken und behandeln Sie die Satteldecke ein oder zwei Mal im Jahr mit Lederfett. Lassen Sie es über Nacht einwirken, so dass es richtig eindringt, bevor Sie den Sattel wieder benutzen. Einmal im Jahr sollten Sie die Satteldecke spannen, um die Dehnung auszugleichen.

Satteldecke spannen:

1. Schauen Sie unter der Satteldecke nahe der Sattelnase nach der Schraube, die die Spitze der Satteldecke mit dem Untergestell verbindet. Mit der Mutter an dieser Schraube nehmen Sie die Einstellung vor.
2. Ziehen Sie die Mutter in Schritten einer halben Umdrehung an, bis die Decke die richtige Spannung hat. Nicht überspannen.

Wartung der Federelemente

Nicht nur Mountainbikes, auch Trekking- und Citybikes sind heute oft serienmäßig auf die eine oder andere Art gefedert.

Die drei wichtigsten Größen hinsichtlich der Federung sind der Federweg (die Differenz zwischen komprimiertem und nicht komprimiertem Zustand), die Vorspannung (die Kraft auf der nicht aktiven Feder) und das Losbrechmoment.

In unebenem Gelände möchte man einen längeren Federweg und ein größeres Losbrechmoment haben als wenn man hauptsächlich auf relativ gleichmäßigen Wegen fährt. Die Vorspannung sollte nicht mehr als 25 Prozent des Federwegs betragen. Bei den meisten Systemen lässt sich die Vorspannung einstellen, während die anderen Eigenschaften für jedes Federelement fest eingestellt sind.

Abbildung 16.1: Ein typisches modernes vollgefedertes Fahrrad.

Gefederter Lenkervorbau

Dies ist die einfachste Art, den vorderen Teil des Fahrrades zu federn. Diese Vorrichtung wird einfach anstelle des normalen Vorbaus eingebaut, der den Lenker hält. Sie können den Grad der Federung einstellen, indem Sie eine Inbusschraube lösen oder fester ziehen, um das Federelement vorzuspannen.

Gefederte Sattelstützen

Hier handelt es sich um ebenso effektive wie günstige Vorrichtungen, um bei der Fahrt in aufrechter Sitzhaltung Fahrbahnunebenheiten weg zu filtern.

Auch an gefederten Sattelstützen ist die Vorspannung der einzige Faktor, den man einstellen kann. Dazu muss man die Sattelstütze ausbauen wie in Kapitel 15 beschrieben und mit einem Inbusschlüssel die Vorspannungseinstellschraube unten in der Sattelstütze verstellen – Hereindrehen vergrößert die Anfangskompression des Federelements innen, Herausdrehen verringert sie. Zu Ihrer Sicherheit: Drehen Sie die Einstellschraube nicht so weit heraus, dass sie aus der Sattelstütze hervorsteht.

Federgabel warten

Eine Federgabel verfügt über zwei Sätze von Rohren, die ineinander gleiten. Die inneren (die Standrohre) werden in den äußeren (Tauchrohren) geführt und mit Federelementen verbunden. Die Federelemente sind entweder Elastomerkissen, Spiralfedern aus Metall oder Luftkartuschen.

Halten Sie Dichtungen und Standrohre sauber. Reinigen Sie sie einmal im Monat und nach jeder Fahrt in nassem Wetter oder auf staubigem Gelände. Wischen Sie die exponierten Teile der Standrohre und der Dichtungen ab; tragen Sie dann synthetisches Öl auf diese Teile auf und drücken Sie die Gabel fünf Mal ein; wischen Sie dann die Standrohre ein weiteres Mal ab.

Darüber hinaus prüfen Sie die Federgabel mindestens einmal pro Saison wie nachstehend beschrieben, um sicherzustellen, dass sie korrekt arbeitet.

Testprozedur:

1. Halten Sie das Fahrrad am Steuersatz fest, versuchen Sie am unteren Teil der Gabel an den Gabelenden zu wackeln. Wenn Sie sich locker bewegen, haben Sie ein Problem, das Sie einem Zweiradmechaniker überlassen sollten.
2. Greifen Sie von vorne den Lenker, drücken Sie mit ihrem ganzen Gewicht auf das Fahrrad und beobachten Sie, wie die Federgabel reagiert. Wenn alles o.k. ist, bewegt sie sich mit zunehmendem Widerstand nach unten, stoppt aber nicht plötzlich.
3. Bei wie in Schritt 2 eingetauchter Federgabel nehmen Sie den Druck weg und beobachten Sie, ob die Federgabel glatt und schnell in ihren Ausgangszustand zurückkehrt.

Abbildung 16.2: Einstellen eines gefederten Lenkervorbaus.

4. Wenn eins der oben genannten Kriterien nicht eingehalten wird, könnte ein Problem vorliegen. Ich empfehle Ihnen, sich dann an eine Fahrradwerkstatt zu wenden.

Federweg und Vorspannung einstellen:

Schlagen Sie in den Unterlagen nach, die Sie mit der Gabel bekommen haben, um die Einstellvorrichtung für die Vorspannung zu finden (meist befindet sie sich oben auf dem Standrohr). Stellen Sie die Vorspannung auf den niedrigsten Wert ein. Testen Sie dann, wie

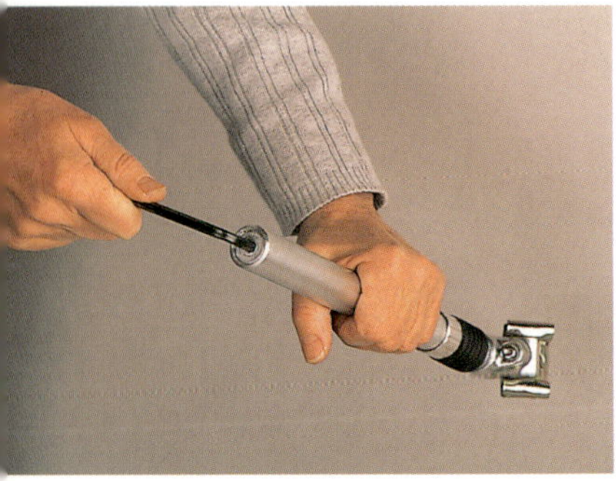

Abbildung 16.3: Einstellen der gefederten Sattelstütze, nachdem sie aus dem Rahmen gebaut wurde.

Abbildung 16.4: Einstellen der Vorspannung an einer typischen Federgabel.

Abbildung 16.5: Halten Sie die Drehpunkte der Hinterradfederung gut geschmiert.

sich das Rad fährt, um zu sehen, ob es beim Ausfedern nach unten durchschlägt. Falls dem so ist, stellen Sie die Vorspannung ein wenig höher. So bekommen Sie das Höchstmaß an effektivem Federweg.

Hinterradfederung warten

Selbst die Hinterradfederung erobert derzeit andere Marktsegmente neben den Downhill-Mountainbikes. Es gibt eine Vielzahl verschiedener Typen, aber jeder verfügt über ein Stoßdämpferelement sowie einen oder mehrere Drehpunkte zwischen dem Rahmen und dem Teil, der das Hinterrad hält.

Bei der Wartung gilt es daher auf zwei wichtige Dinge zu achten, und das betrifft

Abbildung 16.6: Nach der Reinigung der Standrohre tragen Sie spezielles, nicht klebendes Schmiermittel auf. Das gilt auch für Hinterradstoßdämpfer.

alle Bauarten: das Stoßdämpferelement und die Drehpunkte.

Wenn Sie sich damit nicht so wie unten beschrieben weiter auseinandersetzen möchten, halten Sie wenigstens diese Teile sauber und schmieren Sie die Drehpunkte regelmäßig leicht mit einem nicht fettenden Schmiermittel, zum Beispiel einem auf Wachsbasis oder sogar WD-40. Wischen Sie alles überflüssige Schmiermittel ab. Ziehen Sie auch die Schrauben an den Drehpunkten einmal im Monat fest.

Stoßdämpfer warten

Das Herz jeder Hinterradfederung ist ein Stoßdämpfer, zu dem ein Federelement und eine Dämpfvorrichtung gehören. Das Federelement kann eine externe Spiralfeder oder eine diskret versteckte Luftkartusche sein. Die Dämpfvorrichtung ist für gewöhnlich ein Ölzylinder mit Ventilen, durch die das Öl fließt, wenn der Kolben bewegt wird.

Reinigen Sie den Stoßdämpfer regelmäßig einmal im Monat und nach jeder Fahrt in nassem oder staubigem Gelände. Sehen Sie das Element zusätzlich einmal im Monat durch. Wenn Sie irgendwelche Spuren von Öl finden, bedeutet dass, dass es ein Leck hat und von einem Zweiradmechaniker ausgetauscht werden muss.

Wartung des Zubehörs

Abbildung 17.1: Sorgen Sie dafür, dass die Zubehörhalterungen immer fest sitzen.

Zum Zubehör zählt jedes Teil, das an das Fahrrad gebaut ist oder gebaut werden kann, aber nicht Teil seiner Grundfunktion ist. In diesem Kapitel beschäftigen wir uns mit den wichtigsten Zubehörteilen.

Allgemeine Hinweise zum Zubehör

Die beiden Grundsätze der Zubehörwartung lauten:

- Sorgen Sie stets für eine sichere Befestigung.
- Ersetzen oder entfernen Sie, was kaputt ist.

Prüfen Sie regelmäßig die Halterungen, ziehen Sie alle Muttern, Schrauben und Klemmen fest. Entfernen Sie unter allen Umständen jedes Zubehör, das nicht funktioniert und das Sie nicht reparieren konnten. Bevor Sie es ersetzen, fragen Sie sich, ob Sie auch ohne auskommen.

Alle Halterungen sollten mindestens zwei Befestigungsschrauben haben. Außerdem sollten Sie darauf achten, dass Dinge, die um einen anderen Teil des Fahrrads herum geklemmt werden, richtig sitzen. Am besten legen Sie auf der Innenseite der Schelle eine flexible Schutzhülse aus Kunststoff oder Gummi ein.

Abbildung 17.2: Einfacher Scheinwerfer mit integrierter Batterie.

Beleuchtung

Es gibt drei Arten von Fahrradbeleuchtung:

- Beleuchtung mit integrierten Batterien
- Beleuchtung mit zentralen Batterien
- Beleuchtung mit Dynamo

Die folgenden Abschnitte enthalten detaillierte Wartungsinformationen zu allen verfügbaren Beleuchtungstypen.

Beleuchtung mit integrierten Batterien

Vorne werden diese Lampen meist direkt oder indirekt an den Lenker geklemmt. Hinten werden sie entweder an der Sattelstütze oder beispielsweise an einem Gepäckträger oder den Sattelstreben befestigt. Der vorn verwendete Scheinwerfer sollte hell sein und einen kompakten Lichtkegel produzieren, der den Straßenbereich ungefähr sechs bis neun Meter vor dem Fahrrad ausleuchtet.

Abbildung 17.3: LED-Rücklicht mit abgenommener roter Scheibe.

Das Rücklicht sollte rot sein und gerade nach hinten strahlen (weder nach oben noch nach unten, weder nach rechts noch nach links). LED (Licht emittierende Dioden) sind für diesen Zweck sehr geeignet, hauptsächlich weil mit ihnen das Batterieleben deutlich länger ist. Die LED selbst halten ebenfalls viel länger als Glühbirnen – allerdings halten auch sie nicht ewig, und die Leuchte muss ersetzt werden, wenn sie schwach werden.

Die häufigste Wartungsarbeit an Batterieleuchten ist das Austauschen der Batterien und der Glühbirnen. Eine Batterieladung reicht meistens weniger als vier Stunden, also sollten Sie Ersatz dabei haben. Prüfen Sie sowohl den Zustand der Batterien in der Leuchte als auch den Ihrer Ersatzbatterien, bevor Sie sich auf eine längere Tour begeben, die in die Abendstunden reichen kann.

Glühbirnen leuchten in der Regel nicht länger als 100 Stunden. Kaufen Sie einige Ersatzlampen und nehmen Sie für jede Leuchte an Ihrem Rad eine mit, zum Beispiel in Ihrem Reifenflickset. Wenn Sie helle Halogenlampen benutzen, berühren Sie das Glas nicht mir Ihren bloßen Händen.

Abbildung 17.4: Stecker an einer typischen Lichtanlage mit Zentralbatterie.

Beleuchtung mit Zentralbatterie

Diese Leuchten sind meist stärker und bieten oft die Möglichkeit, zwischen hoher und niedriger Helligkeit zu wechseln. Ihre größere Batterie, die aus mehreren miteinander verbundenen Zellen besteht, wird entweder in eine Tasche gesteckt, die am Fahrrad befestigt wird oder in einen Behälter weggepackt, der in den Flaschenhalter passt.

Auch hier müssen wiederum Batterien und Glühlampen getestet und wenn nötig ersetzt werden (obwohl die Batterien fast immer wieder aufladbar sind, dann brauchen Sie die Einheit nur mit ihrem Lade-Adapter

Abbildung 17.5: Bei diesem Dynamolicht am Vorderrad ist der Scheinwerfer an der selben Halterung angebracht wie der Dynamo.

einzustöpseln, und sie sollte in etwa zwei Stunden wieder betriebsbereit sein).

Neben Lampen und Batterien müssen Sie sich auch um die Verkabelung kümmern. Wenn also das Licht nicht funktioniert und Sie Glühlampen und Batterie geprüft und für in Ordnung befunden haben, prüfen Sie die Kabel. Meist liegt der Fehler in einem Kontakt am Ende der Verkabelung, prüfen Sie dort also zuerst und setzen Sie den Kontakt instand, vorzugsweise mit Lötkolben und Lötzinn. Sollte es irgendwelche freigelegten Metalldrähte geben, isolieren Sie diese mit Isolierband. Wenn Sie die Ursache des Problems nicht finden können, müssen Sie möglicherweise die Verkabelung komplett erneuern.

Beleuchtung mit Dynamo

Diese Art Beleuchtung verfügt ebenfalls über eine zentrale Stromquelle und eine Verkabelung, die Sie mit den Leuchten verbindet. Der

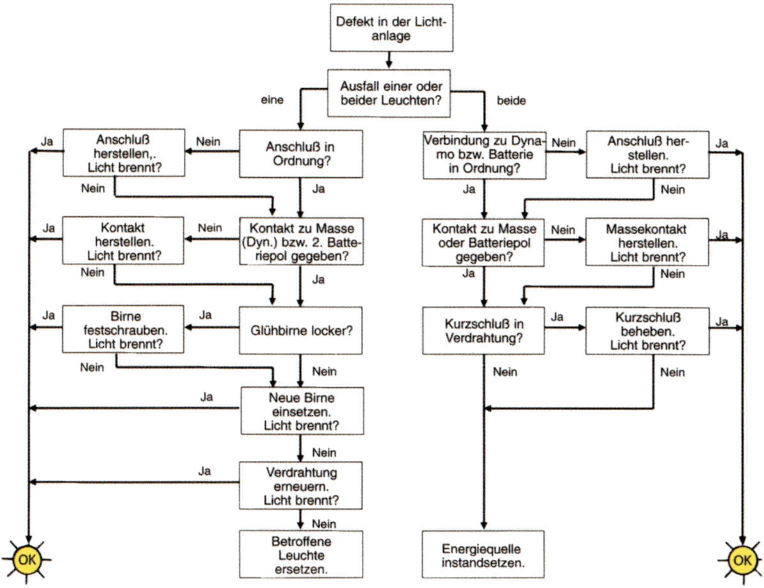

Abbildung 17.6: Diagramm für die Fehlersuche bei Systemen mit zentraler Energiequelle.

Dynamo speist für gewöhnlich sowohl den Scheinwerfer als auch das Rücklicht. Der Strom wird über einen einzelnen Draht transportiert und über das Metall das Fahrrads zurück zum Dynamo geleitet – zu diesem Zweck hat jedes Teil – Dynamo, Scheinwerfer und Rücklicht – eine Masseschraube, um den so genannten Massekontakt herzustellen.

Neben ausgebrannten Lampen sind Fehler in der Verkabelung das häufigste Problem. Besonders der Punkt, wo die Drähte mit dem Dynamo verbunden sind, ist anfällig für versehentliches Abreißen der Kabel. Überprüfen Sie ihn häufig und achten Sie sorgfältig auf die Kabelführung, so dass sich das Kabel nicht verfangen kann, wenn Sie das Fahrrad zum Beispiel abstellen.

Systematische Fehlersuche

Wenn die Beleuchtung mit Zentralbatterie oder Dynamo nicht richtig funktioniert, gehen Sie systematisch vor, um herauszufinden, was falsch ist. Folgen Sie den in Abbildung 17.6 aufgeführten Schritten.

Sorgen Sie bei Beleuchtung mit zentraler Batterie dafür, dass die Batterie immer vollständig aufgeladen ist. Überlegen Sie, ob Sie ein kleines Licht mit eingebauten Batterien als Ersatzlichtquelle mitnehmen.

Bei Nässe rutschen Dynamos oft. Das Problem können Sie minimieren, indem Sie die Halterung so weit hereinbiegen, dass in der Ruheposition des Dynamos nur etwa sechs Millimeter zwischen der Rolle und dem Reifen bleiben. Sie können auch eine Gummikappe auf die Rolle setzen.

Abbildung 17.7: Dichtung der Luftpumpe austauschen.

Am Tretlager befestigte Modelle sind am anfälligsten für Rutschen. Bei diesen können Sie ein kurzes Gummiband zwischen die Rollenbefestigung und einen festen Punkt am Fahrrad, nahe an der Hinterradachse, binden.

Nabendynamos sind in das Vorderrad eingebaut und rutschen nicht.

Reflektoren

Vergewissern Sie sich, dass die vorderen und hinteren Reflektoren so befestigt sind, dass sie nahendem Verkehr entgegenstrahlen, und richten Sie sie wenn nötig aus. Ersetzen Sie gerissene oder kaputte Reflektoren, weil durch Risse Wasser eindringen und die reflektierende Fläche an der Innenseite der Scheibe „vernebeln" und so „blind" machen kann.

Schloss

Schmieren Sie Ihr Schloss ein oder zwei Mal pro Jahr, und jedes Mal, wenn es sich schwer öffnen oder schließen lässt. Führen Sie den Stutzen eines Behälters mit dünnem Schmiermittel an den Punkt, wo der Bolzen in den Schließmechanismus greift und geben Sie nur einen winzigen Spritzer Öl hinein. Geben Sie auch etwas Öl auf den Schlüssel, stecken Sie ihn ins Schloss und schließen und öffnen Sie das Schloss dann zwei oder drei Mal.

Luftpumpe

Drehen Sie die Schraubkappe am Kopf ein oder zwei Mal im Jahr fest oder immer dann, wenn die Pumpe schlecht funktioniert. Wenn die Pumpe gar nicht funktioniert, nehmen Sie den Kopf auseinander. Manchmal kommen Sie weiter, wenn Sie die Gummidichtung herumdrehen oder austauschen.

Den Kolben aus Gummi oder Plastik im Zylinder können Sie erreichen, indem sie an dem Punkt, wo der Kolbenmechanismus in den Zylinder eintritt, die Kappe abschrauben. Biegen und kneten Sie ihn, tragen Sie etwas Schmiermittel auf, und wenn Sie die Pumpe so nicht wieder flott kriegen, ersetzen Sie sie.

Leitfaden für die Fehlersuche

Problem oder Symptom	Mögliche Ursache	Lösung	Kap.
Hoher Widerstand beim Treten der Pedale oder im Leerlauf	1. Unzureichender Reifendruck 2. Hinterrad schleift an Rahmen oder Zubehör 3. Nabenschaltung muss geschmiert oder justiert werden	Aufpumpen Hinterrad justieren oder gerade biegen Justieren, schmieren oder überholen	4, 6 3, 5 3, 7
Hoher Widerstand beim Treten der Pedale aber nicht im Leerlauf	1. Kette schmutzig, abgenutzt oder nicht geschmiert 2. Tretlager muss justiert werden 3. Pedallager müssen justiert werden 4. Kette oder Kettenblatt schleift an Rahmen oder Zubehör	Reinigen und schmieren oder ersetzen Justieren und/oder schmieren Justieren, schmieren oder ersetzen Begradigen oder ersetzen	8 3, 8 3, 8 8
Schleif- oder Kratzgeräusche	1. Wie oben unter Hoher Widerstand beim Treten der Pedale	Siehe oben	3, 8
Fahrrad zieht zu einer Seite	1. Laufräder falsch ausgerichtet 2. Gabel verbogen 3. Steuersatz beschädigt 4. Rahmen verzogen	Räder justieren, zentrieren, ausrichten Gabel ersetzen oder gerade biegen Steuersatz überholen oder ersetzen Begradigen oder ersetzen	7 14 3, 13 14
Fahrrad vibriert bei hoher Geschwindigkeit	1. Laufradfelgen dezentriert 2. Steuersatz locker 3. Nabenlager locker 4. Reifen ungleichmäßig aufgezogen	Rundlauf der Laufradfelgen wieder herstellen Steuersatz justieren Nabenlager justieren Luft ablassen und Reifen neu aufziehen	7 3, 13 3, 7 6
Lärm beim Treten der Pedale	1. Kettenblatt, Kurbeln oder Pedale locker 2. Kette trocken, dreckig oder abgenutzt 3. Tretlager oder Pedallager müssen justiert werden	Feststellen oder ersetzen Reinigen, schmieren oder ersetzen Lager justieren und/oder schmieren	8 8 3, 8
Schleifgeräusche beim Treten der Pedale	1. Beim Schalten inneres Ritzel und äußeres Kettenblatt kombiniert 2. Umwerfer schlecht ausgerichtet	Weniger extremen Gang wählen Befestigung des Umwerfers justieren	9 9

Problem oder Symptom	Mögliche Ursache	Lösung	Kap.
Kette rutscht von Kettenblatt oder Ritzel	1. Schwenkbereich von Schaltwerk oder Umwerfer dejustiert	Schwenkbereich von Schaltwerk/ Umwerfer justieren	9
	2. Kettenblatt verbogen oder locker	Kettenblatt gerade biegen oder festziehen	8
	3. Kettenblatt und Ritzel nicht ausgerichtet [nicht in einer Linie]	In der Werkstatt korrigieren lassen	8
Kette springt vom (von) Ritzel(n) oder überspringt Ritzel	1. Neue Kette auf abgenutztem(/n) Ritzel(n)	Kleinstes Ritzel ersetzen	9
	2. Verbogene Kettenglieder oder festsitzender Niet	Kette reparieren oder ersetzen	8, 9
Ungleichmäßige Pedalbewegung	1. Kurbel, Tretlager oder Pedallager locker	Lager justieren	3, 8
	2. Verbogene Pedalachse oder Kurbel	Pedal oder Kurbelsatz austauschen	8
Gänge lassen sich nicht richtig einlegen	1. Umwerfer/Schaltwerk oder Schwenkbereich von Umwerfer/ Schaltwerk nicht richtig eingestellt	Umwerfer/Schaltwerk und Schwenkbereich justieren	9
	2. Beschädigtes oder schmutziges Schaltwerk / beschädigter oder schmutziger Umwerfer	Umwerfer/Schaltwerk reinigen oder austauschen	9
	3. Schaltzug korrodiert oder eingeklemmt	Reinigen, schmieren, justieren oder austauschen	3, 9
	4. Kette zu kurz oder zu lang	Kette austauschen oder Kettenglieder hinzufügen/entfernen	8
	5. Umwerfer locker oder falsch montiert	Umwerfer begradigen oder feststellen	9
	6. Kette, Kettenblatt oder Ritzel verschlissen	Austauschen	8, 9
Felgenbremse wirkt nicht	1. Felge oder Bremsklötze schmutzig, nass oder fettig	Reinigen, trocknen und/oder entfetten	4, 11
	2. Bremsklötze abgenutzt	Bremsklötze austauschen	11
	3. Bremse zu locker eingestellt	Bremse an Hebel oder Bremse neu einstellen	11
	4. Bremszug eingeklemmt, korrodiert oder beschädigt	Bremszug ersetzen	3, 11
	5. Bremshebel locker oder beschädigt	Bremshebel ersetzen	11
Felgenbremse rubbelt	1. Bremsbacken oder Bremsarm(e) locker	Bremse oder Bremsarme feststellen	11
	2. Felge beschädigt, schmutzig oder fettig	Felge reinigen, Rundlauf herstellen oder austauschen	4, 11
	3. Steuersatz locker	Steuersatz justieren	3, 13

Problem oder Symptom	Mögliche Ursache	Lösung	Kap.
Felgenbremse quietscht	1. Wie oben unter Felgenbremse nicht effektiv 2. Bremsklötze parallel zur Felge	Siehe oben Bremsgummis einwärts richten [„toed-in"]	3, 4, 11 11
Scheibenbremse nicht effektiv	1. Bremsklötze oder Bremsscheibe schmutzig oder Bremsklötze abgenutzt 2. Luft im Hydrauliksystem	Bremsklötze reinigen oder justieren, Bremsscheibe reinigen Fahrradwerkstatt aufsuchen zum Entlüften	12 12
Batteriebeleuchtung defekt	1. Batterie leer 2. Glühlampe defekt 3. Kontakte von Batterie, Glühlampe, Schalter oder Kabel defekt 4. Schalter defekt	Batterien ersetzen und/oder aufladen Glühlampe ersetzen Kontakte reinigen, befestigen oder reparieren Schalter oder ganze Einheit austauschen	17 17 17 17
Dynamobeleuchtung defekt	1. Glühlampe defekt 2. Massekontakt defekt 3. Verkabelung defekt 4. Dynamo rutscht vom Reifen ab 5. Kontakte von Dynamo, Glühlampe oder Kabel defekt	Glühlampe austauschen Kontaktbereich reinigen, Schraube festziehen Verkabelung reparieren oder austauschen Befestigungsteile hereinbiegen Kontakt oder Einheit ersetzen	17 17 17 17 17
Unbequeme Sitzhaltung	1. Sattelhöhe oder -winkel falsch eingestellt 2. Lenkerhöhe oder -winkel falsch eingestellt	Sattel einstellen Lenker einstellen	15 13
Zubehör rattert oder dreht sich	1. Befestigungsschrauben fehlen oder sind nicht fest	Schrauben ersetzen und/oder schützenden Plastikstreifen unterlegen	4, 17
Federung reagiert nicht	1. Dichtungen an Standrohr (vorne) oder Dämpfer (hinten) schmutzig 2. Vorspannung zu hoch eingestellt 3. Schaden an Standrohr (vorne) oder Dämpfereinheit (hinten) 4. (Hintere) Drehpunkte verschlissen, korrodiert oder festsitzend	Dichtungen und Oberflächen reinigen Vorspannung neu einstellen An Fahrradwerkstatt wenden An Fahrradwerkstatt wenden	4, 16 16 16 16